高等院校筹资工作
探索与对话

○ 以中央美术学院为例

EXPLORATION AND DIALOGUE
FINANCING WORK
IN COLLEGES AND UNIVERSITIES

陆英明 王 静 编著

中国国际广播出版社

图书在版编目（CIP）数据

高等院校筹资工作探索与对话：以中央美术学院为例 / 陆英明，王静编著. —北京：中国国际广播出版社，2022.10
ISBN 978-7-5078-5217-2

Ⅰ.①高…　Ⅱ.①陆…②王…　Ⅲ.①高等学校－融资方式－研究－中国　Ⅳ.①G647.5

中国版本图书馆CIP数据核字（2022）第188993号

高等院校筹资工作探索与对话——以中央美术学院为例

编　　著	陆英明　王　静
特邀编辑	王妙紫
责任编辑	王立华
校　　对	张　娜
版式设计	邢秀娟
封面设计	王梓伊　赵冰波

出版发行	中国国际广播出版社有限公司 ［010–89508207（传真）］
社　　址	北京市丰台区榴乡路88号石榴中心2号楼1701
	邮编：100079
印　　刷	北京九天鸿程印刷有限责任公司

开　　本	710×1000　1/16
字　　数	170千字
印　　张	12.5
版　　次	2022 年 11 月 北京第一版
印　　次	2022 年 11 月 第一次印刷
定　　价	48.00 元

前　言

中央美术学院是中华人民共和国教育部直属的唯一一所高等美术院校，其历史可以上溯到中国现代美术教育的开端——创办于 1918 年的国立北京美术学校，这也是中国历史上第一所国立美术教育学府。学校秉承着"尽精微、致广大"的校训，坚守"注重使命、崇尚学术、尊重人才、兼容并蓄"的文化理念，传承"关注现实、服务人民"的光荣传统，培养造就了一大批国家需要、人民喜爱、时代呼唤的优秀艺术人才。百年来的文化积淀和育人实践中，中央美术学院逐步成长为中国高等美术教育领域具有代表性、引领性和示范性的美术院校，并在世界一流的美术院校中享有重要地位。

2018 年 8 月 30 日，习近平总书记给中央美术学院老教授回信，就做好美育工作，弘扬中华美育精神提出殷切期望，为学院建设发展注入强大动力。2017 年，中央美术学院的美术学、设计学两个学科入选国家"一流学科"建设计划。在庆祝中华人民共和国成立 70 周年、庆祝中国共产党成立 100 周年、北京 2022 年冬奥会等党和国家重大庆典和活动中，中央美术学院都贡献了重要的艺术创造，以百年学府的艺术积淀，完美诠释了引领中国美术事业和美术教育事业发展的使命担当。站在新的历史起点上，中央美术学院将以建设世界一流美术院校为目标，以大爱之心育莘莘学子，以大美之艺绘传世之作，攀登中国和世界高等美术教育的新高峰。

中央美术学院的建设发展离不开社会各界的大力支持。为充分发掘和调动社会力量参与和支持美术教育事业，2011 年 9 月 29 日，北京中央美术学院教育发展基金会正式成立。学院以基金会为平台和抓手，联同校友工作办公室、学校理事会，发挥协同功能，筹集捐赠资源，凝聚校友感情，团结各方力量，构建学校与社会共赢共享机制，不断扩大学校的社会影响力和号召力，为学校"新百年"战略和全面建成具有鲜明中国特色的世界一流美术院校提供有力支撑。特别是在十余年的发展过程中，基金会不断提升内部管理的规范化水平，不断拓展社会捐赠渠道和资源，为推动中央美术学院建设发展和国家美术事业发展做出了积极的贡献。根据 2021 年《北京市 2021 年度市级社会组织评估结果公告》，北京中央美术学院教育发展基金会获评 5A 最高等级。

这些成绩的取得，得益于众多心系美术教育事业的知名企业、社会组织和仁人贤达的捐赠与支持！继往开来，我们将基金会十余年的发展历程和阶段性成果进行梳理、总结和深化研究，探索艺术类高校筹资的决策体制、制度规范、项目体系和运行机制等，为高校筹资工作更好开展提供建议和支持，为下一阶段更好地发挥基金会、校友会的桥梁与纽带作用，更好地开展高校筹资工作提供研究支撑。期待未来能继续与各位仁人贤达携手合作，在新时代谱写出高校基金会建设发展的新篇章！

建设世界一流院校和世界一流学科，是我国推进新时代高等教育发展的重大决策。"双一流"建设既离不开国家的投入，也需要社会各方面力量的支持。基金会、校友会等作为高校对外筹资的重要平台在其中发挥着重要作用。本书以中央美术学院为案例，深入研究艺术类高校如何通过基金会和校友会建立一套完善的决策体制、制度规范、项目体系和运行机制等。在这套运作机制中，老师、校友等群体既是学校筹资参与者，也是学校筹资受益者。他们的参与过程全景展现学校筹资和建设的立体图景，为最大限度动员校内、校友以及社会各方面资源，助力高校推进"双一流"建设提供有益启示和建议。

目　录

第五章　高校归属感和对外联络机制 / 053

第一章　研究综述

高等教育是一项需要持续投资的重要事业，没有持续的资金投入，高等学校建设及其教育工作就会受到极大制约。无论是学者还是高校的实务工作者都对这一主题给予关注，做了一系列卓有成效的研究。总结梳理相关研究成果，有助于更好地认识相关工作和研究进展情况，为进一步研究相关议题和做好有关工作奠定基础。综合梳理相关研究，发现目前的研究主要集中在高校公共投入机制、对外筹资机制、高校基金会建设和管理、高校校友资源开发以及高校筹资的制度和激励机制等方面。

一、关于高校建设与投入机制

总体来看，我国的高等教育资金主要是由国家财政性教育经费、社会捐赠经费、事业收入、其他教育经费四部分构成。

研究普遍认为，在市场经济条件下，高校必须建立多元化的筹资模式。王玉梅[1]认为，随着市场经济的发展，高等教育的准公共产品性质、高校主体地位的变化以及国家教育投资体制改革等都决定了高校筹资必须走多样化道路。并从四个方面分析了其中的缘由。其一是高等教育的准公共产品

---

[1]　王玉梅.市场经济条件下高校筹资多渠道问题研究［J］.北京政法职业学院学报，2005（4）：65-70.

性质决定了高校筹资渠道的多样性，接受高等教育的人所享受的服务具有排他性，其必须为所享用到的服务付出成本，但高等教育发挥的社会效益又决定着高等教育的成本不应完全由个人承担，由此决定了高校资金来源的多样性。其二是高校主体地位的变化决定了筹资渠道的多样性。《中华人民共和国高等教育法》规定："高等学校应当面向社会，依法自主办学，实行民主管理。""高等学校自批准设立之日起取得法人资格。高等学校的校长为高等学校的法定代表人。高等学校在民事活动中依法享有民事权利，承担民事责任。"高等学校拥有自主的法人地位，可以自主办学，自我发展，这表明高等学校的资金筹集由原有的以政府拨款为主要来源的格局正在被开放型、多元化的筹资办学形式所替代。其三是国家教育投资体制的变化决定了高校筹资渠道的多样性。随着科教兴国战略的实施，高等院校数量持续增加，对教育的投入也不断加大。改国家包办为国家、集体、社会共办，多渠道筹措教育经费的体制，也是客观形势发展的要求。其四是高等学校教育经费严重不足的现状决定高校必须多渠道筹资。高等学校资金不足，就缺乏学校用于扩大办学规模的资金投入，就没有能力扩大招生，无法提高教师的工资福利待遇，优秀教师人才流失严重，一些教学设备、科研设施无力更新，一些重要科研项目无法立项，这些都限制高校的发展。因此，在努力争取政府加大财政投入的同时，高校只有通过不断拓宽筹集资金的领域和渠道，才能增强自身的实力。

有学者专门分析研究高校的筹资机制。梁茜[1]认为在高等教育筹资活动中，其核心和关键就是筹资机制的建立和完善。在市场经济条件下，普通高校要改革和完善自己的筹资机制，明确筹资职责，制订科学的筹资计划，提高筹资效率。她分析了不同筹资机制发展情况，一是依靠财政拨付机制，但是这个机制不太科学，拨付机制实行财政分级管理和总额拨付方式，但

---

[1]　梁茜.普通高等学校筹资机制研究［J］.时代经贸，2018(25)：43-44.

是总额拨付的方式不能充分反映学校客观需要，也不能很好地提升财政资金的使用效益。二是通过收入学费筹集资金。但是扩展空间十分有限，如果学费增长过快，可能会超出普通居民家庭的经济承受能力，也可能给低收入家庭增加过重的负担，影响教育的公平性。三是教育捐赠方式。目前国内教育捐赠的规模都还比较小，教育捐赠的方式单一，资金来源渠道比较窄，捐赠收入也极其不稳定，无法有效补充学校资金投入。四是通过发债和贷款方式。但我国相关的法规制度还不完善，《中华人民共和国担保法》对高校的贷款有多种限制，在我国发行教育债券和通过教育彩票等方式筹资，都还没有相关法规依据。为此她建议改革财政拨付机制，适当引入竞争机制，在保障学校基本发展需要的基础上，增加财政投入的绩效评价，将高校的拨款、科研资助等逐步转向基金制，推动形成有竞争的基金制，提高政府投入资金使用效益。建议建立收费标准听证会制度，对不同类别、声誉、性质的学校和不同专业、不同地域的收费标准应有区别，同时加大对学生的资助力度，使更多学生得到适当的资助。建议加大对捐赠者的税收优惠政策，健全相应的捐赠激励机制，鼓励社会捐资助学。

有学者对比研究了不同国家高校投入机制。刘淑蓉、章新蓉[①]认为高校资金来源渠道多元化是一个世界性的趋势。文章分析了国外高校的不同筹资模式，美国高等学校的经费来源渠道主要有：联邦、州和地方政府的拨款，学生及其家长负担的学杂费，学校社会服务和附设企业收入，社会各界和校友的捐赠，学校基金，等等。在公立高校中位居第一位的是政府拨款，而私立高校中却居于第三，服务收入在两类学校中均居第二且比例十分接近，在公立高校中居于第三位的学杂费收入在私立高校中居于第一。英国高校的财源主要包括委员会拨款、学杂费、研究补助与契约收入等，主要来源还是政府，同时英国高校是有效的自主的经济实体，高校通过多

---

① 刘淑蓉，章新蓉.国外高校筹资渠道分析与借鉴 [J].重庆工商大学学报（西部论坛），2005（1）：93-97.

种途径获得政府拨款，但对经费的使用有相当的自主权。澳大利亚高校筹资包括由联邦政府承担的教育经费，大学的学杂费收入、社会捐赠收入、学生资助收入，如纳税人在依法向税务部门纳税时，凡接受过高等教育且未缴过学费的毕业生按其收入的 2% 的比例缴纳附加性质的"高等教育贡献金"。印度的高等教育经费主要来源包括政府支出、学生学费、私人捐赠、自筹资金和国际援助几方面，其中，政府支出主要是中央政府和各邦政府对高等教育的投入；大学本部和公立学院中的学生缴纳学费不多，私立学院的学生则要缴纳高额的学杂费；私人捐赠包括馈赠基金、直接捐款和捐物；高等院校的自筹资金包括举办成人教育、向社会提供出版物、为有关部门提供信息咨询、向公司和企业转让科研成果等方面；国际援助方面有直接的经费援助，还涉及大量的高层次教学科研人员的培训。通过国别比较研究后建议，高校要学习和研究筹资的技巧，建立专门的筹资机构，成立校友会，加强与校友的联系，加强对外宣传工作；要建立良好的筹资运行机制，不断拓宽筹集资金的领域和渠道，争取捐赠、用好捐赠，增强自身的实力，促进高教事业健康发展。

二、关于高校社会筹资与基金会的发展

不论是中央部属高校还是地方高校，募集社会资源、聚集多方面力量都是建设"双一流"大学的重要工作。其中，基金会就是对外筹资和强化多方合作的重要平台。

杨增国等[①] 研究了高校基金会的使命和发展机遇，认为高校基金会要以高校"双一流"建设为中心，不断提高管理水平、筹募能力，深入介入学校发展的方方面面，了解学校最迫切最需要的发展诉求，寻找匹配捐赠人

---

① 杨增国，卜洪晓.高校基金会的使命与发展机遇［J］.中国高等教育，2018（20）：19-21.

的兴趣点，搭建捐赠人和高校之间的桥梁和平台。

　　赵文莉[①] 阐述了高校基金会如何在基金筹集、项目运作和管理上探索出适合中国国情的路径和发展模式。认为我国高校发展经费中，政府拨款仍然占据主导地位，但是这已经不能满足高校建设"双一流"目标对资金的需求。进入新时代，大学开展社会筹资迎来了良好发展契机。经过 20 多年的探索和发展，中国大学的教育基金会逐渐摸索出适合各自特点的运作方式，也正面临政策支持、中国经济的纵深发展等难得的历史机遇，为大学筹资发展提供了良好的环境和土壤。研究表明，经济发展水平与慈善捐赠水平正相关，在经济繁荣时期，慈善捐赠额往往强劲增长。对于高校基金会在中国本土化的发展路径和模式建议，一是要抓住当前机遇，以大学的学术水平和社会贡献来吸引社会捐赠方，要把握、帮助捐赠方达成心理诉求，借鉴国外大学开展筹款运动的经验做法，设定能反映高等教育的重要目标，以及校友、相关方和全社会对此目标的期待的筹款主题，如人才培育主题基金、科研和前沿学科创新主题基金、紧随国家战略的基金计划、既适应大学办学方向又满足捐赠者特殊需求的特别基金计划等；二是要拓宽筹款方式和渠道，大额筹款计划与小额筹款项目结合，普遍适用的一般筹款项目与特殊诉求和设计的项目并重；三是要国内国外广开筹资渠道，提高教育基金的运作水平，由专业机构进行投资运作、保值增值，形成良性循环；四是要规范教育基金的使用效果评估、追踪，加强项目规范执行与监管，增强基金会可持续发展的生命力。

　　任潇等[②] 深入研究了国内高校基金会和高校的战略合作关系，认为高校基金会是围绕高校开展工作、为高校发展建设募集资金和争取更多社会资

①　赵文莉.刍论高校教育基金发展的中国路径：基于"双一流"大学建设的视角［J］.理论导刊，2020（1）：118-123.
②　任潇，王欢，李佳潞，等.国内高校基金会和高校的战略合作关系探究［J］.财经界，2021（27）：47-48.

源支持的重要平台。当前我国高等教育办学成本不断上升，建立和发展高校基金会已经成为我国高校多方面筹集资金以应对财政困境的一项重要举措。目前，高校基金会和高校关系的矛盾主要体现在基金会的发展受限于双重行政管理体制，基金会作为独立法人机构，在大部分高校却仅作为一个处级行政单位存在，导致基金会的独立作用被淹没，发展活力也受到影响。从法律层面看，基金会和高校皆是独立的非营利法人单位，基金会具备"捐助法人的资格"，而高校具备"事业法人的资格"，二者不存在从属关系，但二者之间存在非对称的依赖关系。高校基金会大都是由高校出资设立，募资的对象有限定范围，其发展和运作必然依存于学校，但是在二者的互动关系上，基金会应坚持平等互利的原则，合理规划互动沟通，尽可能动员社会力量筹措资金，做好资金管理和公开工作，使其最大限度助力学校发展建设，从而搭建起基金会与高校间紧密的合作关系，摆脱单向依赖关系。建议二者应在保持身份独立性的基础上，在交流和互动中建立伙伴关系，高校应注意区分领导和合作的关系界限，通过去行政化、优化激励等措施为基金会发展搭建环境和平台，使基金会充分释放活力；基金会要从组织结构、激励与决策机制等方面优化自身发展，为学校办学提供资金支持。

郑真江、林成华、蔡颖慧[①]研究分析了如何提升我国高校吸引社会捐赠能力问题。认为改革开放 40 多年来，我国高等教育吸引社会捐赠的能力逐步提升，但也存在一些问题。一是支持政策落地难。《中华人民共和国慈善法》《中华人民共和国公益事业捐赠法》及有关法律中的捐赠抵扣税条款等，为高校募捐活动提供了重要保障。但实际执行中仍存在不少亟待解决的问题，例如现金捐赠税前抵扣程序烦琐，一些高校，特别是地方高校由于没有成立基金会或者成立时间短，无法通过捐赠税前扣除的资格认定，

---

① 郑真江，林成华，蔡颖慧.提升我国高校吸引社会捐赠能力的建议［J］.社会治理，2019（7）：30-34.

一些捐赠者因为办理税前抵扣时间长、程序多，甚至不得不放弃税收抵扣；实物捐赠税收抵扣操作困难，现行制度中虽然规定了实物捐赠税前抵扣方法，但需要经过公益捐赠认证、资产评估、价格换算等程序，操作起来远比现金捐赠复杂得多，导致不少企业宁愿捐钱、不敢捐物；股权捐赠、遗产捐赠等也面临价值评估、税收优惠等法律问题；高校捐赠收入财政配套支持力度不够，目前财政部门对中央部门所属高校捐赠收入财政配比的总盘子有限，规模不大且没有覆盖地方高校。二是吸引捐赠能力弱。相比发达国家高校，我国高校对财政资金过度依赖，募捐意识比较淡薄，一些学校领导不愿意放下身段去参与募捐活动，对筹资机构和队伍、校友会建设等重视不够。不少高校捐赠理念落后，缺乏对捐赠事业的长远谋划，筹资方式停留在"关系筹资""人情筹资""校庆筹资"层面，日常的捐赠项目策划、筹资渠道开发、捐赠人关系维护、荣誉奖励机制等制度创新不足，这些都制约了高校捐赠事业的发展。三是专业化运营水平低。高校基金会专业化运营水平还有待提高，专业队伍建设滞后，行政依附色彩过浓，组织机构不健全，专职专业人员配备普遍不足，薪酬水平整体偏低，职业稳定性较差，筹资、运营和管理的能力较为薄弱，不少学校教育基金会被边缘化。很多高校基金会因资金规模小、专业投资团队弱，加上学校领导顾虑投资风险，重保值、轻增值，采取存入银行等单一方式获取收益。资产运作效率还不高，多元化投资机制不健全，"生钱"能力还不足。四是透明化水平不高。现行规定对基金会年度工作报告的公开范围、内容明细等缺乏具体规定，一些高校基金会年度工作报告不完整、不详细、不及时，处于"低水平公开"状态，缺乏与公众的充分主动沟通，甚至个别基金会处于"失联状态"；一些高校的自我监督机制不完善，捐赠资金去向不明、随意挪用等现象时有发生，基金会公信力不高，严重制约高校捐赠事业的健康发展。五是慈善文化氛围不够。近年来社会慈善文化日益浓厚，但诈捐、骗捐、迫捐等现象严重侵蚀慈善文化根基。一些捐赠者，特别是名人攫取捐赠社会声誉后不履约，一些机构或个人骗捐敛财，还有个别单位通过"道德绑架"、规定最低限额等方式强制募捐，这些现象屡见报端，造成了恶劣的社会影响，导致公众和媒体对正常捐赠行为过度解读甚至产生负面揣测，客观上打击了捐赠者的积极性。六是一些高校存在功利主义倾向，"重大钱、轻小钱"，捐赠收入集中在富豪校友，对普通校友缺乏"长线投资"，普通校友的捐赠积极性没有充分调动起来。

对于以上这些问题，文章建议应加强顶层制度设计和引导，结合教育捐赠事业的特点和实际，研究制定支持和规范高校吸引社会捐赠的指导性政策。一要明确功能定位，捐赠收入与财政投入用途不同，捐赠资金注重帮助大学从优秀走向卓越，而财政投入注重维持学校的基本日常支出，对捐赠收入与财政投入要有不同的功能定位；二要适应当前我国高校"双一流"建设的需求，传播现代公益理念，鼓励社会各界在帮助高校追求卓越、争创一流方面提供更有针对性的捐赠支持，提升公众对高等教育捐赠价值的认知，让更多富有使命感的潜在捐赠者积极参与高校捐赠事业发展；三要高校自身优化募捐项目设计，适当减少保基本的常规型募捐项目，大幅增加提升办学水平和质量的卓越型募捐项目，推动财政投入和社会捐赠在不同领域协同发挥作用，实现社会捐赠效益的最大化；四要扩大中央财政捐赠配比政策的规模和覆盖范围，特别是加大对中西部高校的配比力度；五要增强主动意识，加强对高校捐赠收入情况的统计、分析和评价，探索完善财政配比、项目支持等综合激励措施，逐步引导高校增强筹资意识；六要将重视和积极推动筹资作为评价高校领导履职尽责的重要内容，推动高校在筹资机构建设、校友工作、基金管理创新等方面加大探索力度，不断健全多元化筹资机制，还要引导高校着眼长远发展，推动募捐活动从满足"当下之需"转向满足"未来之用"，为学校可持续发展不断积蓄财力基础；七要划清底线，严格禁止高校利用教育资源和学术资源去交换社会捐赠、毁损学校声誉，推动公益募捐与高校使命相互契合，使筹资文化与大学气质并行不悖；八要完善教育捐赠的税收优惠政策、税收减免政策，进一步细化《中华人民共和国慈善法》规定的捐赠支出超出税收抵扣比例的结转递延扣除政策，优化境外捐赠者捐赠实物的进口关税、进口环节增值税等的减免流程，完善实物捐赠、股权捐赠等非现金捐赠的价值评估及其税收优惠制度，简化税收抵扣的申请和资格确认流程，缩短申请周期，降低捐赠者的非物质慈善成本；九要强化高校社会筹资机构能力建设，配齐配强高校基金会人员，完善工作人员任职标准和薪酬激励体系，落实我国《基金会管理条例》规定的"非营利法人"的要求，推动高校基金会建立具有教育特色的现代管理模式和法人治理结构；十要加强基金会、理事会与校友会、学校发展委员会等关联机构的协同合作，加强校友资源建设和开发，不仅要重视富豪校友的大额捐赠，也要开发普通校友的大众捐赠；十一要拓宽捐赠基金增值保值渠道，在遵循国家有关法律政策规定的前提下，研究制定符合自身特点的投资活动管理制度，不断完善多元化投资机制；此外，要加强规范和监管，加强高校基金会的透明化建设，大力培育第三方评估机构，加强对高校基金会的评价，为学校和有关部门开展监管提供重要依据。

程天权、杨维东[①]探讨了在推进"双一流"建设背景下，高校基金会如何实现更好发展，更好助力"双一流"建设。近年来，我国大学教育基金事业取得了长足发展，但是我国高校基金会无论在捐赠规模与水平还是在管理科学化程度方面都还有很大的提升空间，发展战略不清、体制机制固化也一直困扰着发展中的中国大学教育基金会。首先，高校要创新发展理念，充分认识教育基金在高等教育办学实践中的助推作用，建设世界一流大学是一项长期任务，单纯依赖财政资金是远远不够的，需要各方共同支持分担教育成本。其次，高校自身要不断拓宽筹资渠道，积极吸引社会捐

---

① 程天权，杨维东.建设世界一流大学要激发教育基金活力［J］.中国高等教育，2018（20）：12-15.

赠，健全社会支持长效机制，多渠道汇聚资源，只有这样，高校自我发展的能力才能逐渐增强。

文章指出，从世界一流大学治理实践来看，实力雄厚、管理高效、反哺能力强的大学捐赠基金，有力地支撑着大学发展，同时也形成了一股助推学校治理不断优化、人才培养质量不断提升的作用力。一方面，高校要创新治理模式，鼓励教育基金会在大学治理改革过程中先行先试。现代大学制度的核心是大学面向社会依法自主办学，内部完善治理结构，施行科学管理，涉及大学与政府、大学与社会、大学内部诸方面等多重关系。教育基金会始终贯穿于这些环节当中，既是资源汇集的重要平台，也是引导包括校友在内的社会各方有序参与学校治理的重要机制；应通过有效的制度安排，创新教育基金会管理方式，建立两者的新型合作伙伴关系，使大学管理层与基金会理事会各司其职，强化大学基金会理事会职能以实现自主决策，实现基金会治理手段与模式的创新。在这个过程中，要优化理事会结构，实现理事会成员多元化，既要有大学代表，也应有捐赠方代表、公益领域专家学者、财务审计专业人士等，改变目前理事大多由大学管理层"垄断"的局面；也要着力提高理事在决策过程中的专业化水平，使其具备必要的专业化知识，如法律、会计、投资知识等，以此为基础实现理事之间在专业领域的交叉互补，使理事会整体决策水平科学化。

另一方面，高校要创新管理机制，做好教育基金发展的顶层设计与制度保障。要规划好中国大学教育基金会发展的中国路径，应对教育基金行业发展进行阶段性总结，对其战略定位、发展现状、存在问题、发展瓶颈等问题进行调查研究，在充分尊重各所学校发展特性的同时，从教育基金会的交叉属性出发统筹相关政策，对项目评估、信息公开等问题做出相应规定，为高校拓宽筹资渠道、丰富筹资路径提供支持，实现高等教育领域捐赠基金统筹协调发展；要制订好教育基金内控制度体系，应借鉴国外大学基金内控模式与国内私募基金内控制度，从大学基金会管理风险、公益风险、资金风险的防范机制构建出发，以多元共治的视角看待大学基金会内部控制问题，实现内部控制机制若干环节的融合发展，实现他律和自律的良好结合；要运用好高校捐赠收入财政资金配比政策，区分学校规模、教育基金发展水平，施行区域性差异化配比，对欠发达地区高校，还可尝试将精准扶贫战略与配比资金政策进行结合；要设计好高校基金会研究与培训项目，应依托高校，面向高校基金管理者开展继续教育和培训服务，从教育基金中外发展历程、发展趋势、筹资动态、基金会治理等方面来进行系统培训，加强能力建设，开阔视野，为行业发展储备人才；要创新筹款形式，过度依赖大额捐赠会加剧捐赠收入的波动性，不利于教育基金会平稳且持续的支出规划。

文章对院系、班级及校友在筹资过程中的积极作用也做了细致分析，认为高校应加大对小额捐赠及班级、院系团体性捐赠的关注程度，培育更加多元的捐赠点，在此过程中唤起众多校友的回报、参与意识，传承校园慈善文化；要处理好基金会筹资主体责任与院系复合筹资的关系。院系是学生培养与管理的主要承担者，也是校友关系主要的维护者，事实上也是筹资工作的基础所在。在筹资工作中，应建立校级筹款机构与院系筹款平台的协调联动机制，通过筹款激励、校级基金配比等制度设计，充分调动二级院系的筹资积极性，引导广大教职员工有序参与学校筹资工作，构建全方位的立体筹资网络与筹资工作长效机制，提高整个学校的筹资绩效；要处理好常规筹款方式与新媒体手段的关系。目前的大学筹资，特别是大额筹资，大多仍是由大学管理层出面对潜在捐赠对象进行沟通与关系维护，商定捐赠方向与捐赠金额。大学基金会在筹资过程中，应处理好新媒体工具与传统募款手段、与校友或潜在捐赠人的线下交流的关系，在运用新媒体的同时，不应丢弃传统的校友沟通手段，应按照捐赠者、潜在捐赠者需求打造个性化产品，深度开发线上线下互动的项目推广活动，校友通信、定期餐叙等形式依然是拉近距离的最佳方式。传统沟通手段与现代新媒体技术的良好融合，才能使关系维护、筹资管理工作起到事半功倍的效果。

三、关于高校基金会内部建设与管理

黄迪君[①] 研究了大学基金会吸纳社会捐赠的激励机制问题。我国学者对税收优惠政策激励手段的研究较多，大学基金会的内部激励研究略有涉及，对财政资金配比政策以及高等教育捐赠文化培育等间接激励行为研究较少。我国大部分大学基金会是作为高校的内部机构存在，由高校承担基金会的运行和人员成本，受高校统一管理，为高校筹募、管理、运行社会捐赠资金，在激励大学基金会社会捐赠这一目标上，高校和大学基金会的目标是一致的。我国高校基金会社会捐赠激励机制现状：政府及其相关部门的直接激励手段，主要是分别针对企业所得税和个人所得税的捐赠税收优惠制度的经济激励；高校和基金会对捐赠人进行捐赠冠名及以尊重为主的鸣谢方式，如建筑物冠名、捐赠项目冠名、举办捐赠仪式、赠送捐赠证书、邀请座谈交流、授予"校董"荣誉称号等方式；政府的间接激励措施，包括完善公益慈善制度、加强公益捐赠文化宣传及捐赠外部环境建设、设立捐赠资金财政配比政策等；高校和基金会的间接激励，包括高校及基金会对社会公众参与捐赠的劝募，向大众充分展示高校的筹资项目介绍、捐赠途径等，培育校友资源和校友捐赠文化，加强对在校学生的慈善精神和社会责任教育等。激励存在的主要问题是：高校对捐赠主体的鸣谢制度规范不足，高校对捐赠主体的激励缺乏互惠合作机制，法律制度缺乏落实细则和捐赠"倒逼"机制，财政资金配比政策缺乏对捐赠主体的激励，政府对社会公众的自主意识培育不足，大学基金会的筹资劝募缺乏主动性和专业性，校友资源与捐赠文化培育工作欠缺全面性等。文章建议，在政府直接激励

---

① 黄迪君.大学基金会社会捐赠激励机制研究［D］.上海：上海交通大学，2016.

方面，加强捐赠税收优惠制度的普及和说明，简化捐赠税收优惠的税前扣除认定程序；高校直接激励方面，建立"鸣谢反馈"制度的规范性和原则性，建立高校与捐赠企业的互惠合作模式；政府间接激励方面，健全"遗产税"等相关法律制度与规范，调整"资金配比"政策的激励方向与范围，加强公民自主意识的宣传与培育；高校间接激励方面，组建专业的筹资募捐队伍、建立以捐赠人需求为导向的劝募机制、建全校友资源和校友文化的培育机制。

杨磊[①]研究了高校基金会筹资工作中的问题及其对策。目前我国高校基金会发展势头迅猛，数量增长很快，吸纳社会资源的能力也在逐步提升。但是，随着高校基金会的不断发展，很多问题也逐渐显现。一是人员配置不够，专业程度较低。大部分高校基金会挂靠在学校职能部门，配备工作人员平均不超过8人，甚者仅有3—4人，仅能维持基金会的基本运行。这就造成基金会对筹资工作心有余而力不足。高校基金会的工作人员一般为学校的行政人员，普遍没有接受过专门的营销学方面的训练，故难以用准确而巧妙的方式向捐赠者表达学校的诉求，也缺少甄别捐赠者捐赠能力和捕捉捐赠者兴趣的能力。二是筹资主动性不足，与捐赠方的联系不够紧密，普遍处于被动接受捐赠阶段。由于基金会的工作人员大部分都是学校的行政人员，享受学校的工资待遇，而且基金会募集资金工作的奖惩机制与措施几乎是空白，使得工作人员对开展资金募集工作处于一种消极状态。大部分高校基金会仅在捐赠过程中与捐赠方接触，收到捐款后便与捐赠方再无任何联系，对捐赠方没有"回馈"行为。三是宣传力度不足，未充分利用校友资源。多数高校目前对于筹资项目的宣传还仅限于每年一次的校友返校日、校庆活动或各地校友会年会活动，或者仅在学校的基金会官方网站上设立一个捐赠模块，仅靠网站浏览者自我发现，最终匮乏的宣传模式

---

① 杨磊.浅谈高校基金会筹资工作中的问题及其对策［J］.经济研究导刊，2020（8）：167-169.

及措施使得筹资项目无法很好地推进。四是资产保值能力不足，理财能力薄弱。我国大部分高校基金会现阶段的主要收入来源还是捐赠收入，创收能力薄弱。投资收益占收入比例虽处于递增趋势，但高校基金会对于投资理财、资产保值等方面的意识淡薄，投资风险控制制度与措施缺失、投资理财岗位空缺、投资奖惩机制空白，最终导致高校基金会在发展过程中更多地关注资金安全问题，全面规避风险。大部分高校基金会的投资方向极为单调，只是在银行购买一些短期、稳健的保本理财，更有甚者仅进行定期存款赚取利息，并没有真正意义上的投资理财、资产保值工作。

对于以上问题，他们提出相应的对策建议。一是要提高工作人员素质，加强人员能力培训，安排工作人员参加相关专业化的培训，提高基金会工作人员的工作积极性，根据基金会不同部门工作需求引入相对应的专业型人才，如可以引入一些投资理财方面的专业人才，甚至可以高薪聘请一些专业理财顾问团队，为学校资产保值、增值工作保驾护航。二是要扩大筹资队伍，建立筹资奖励机制。需要针对筹资行为推出相应的筹资奖励机制，对筹资者的筹资行为按筹资额度予以一定的奖励，这样可以在很大程度上提高筹资人员的筹资积极性。建立专门的投资管理团队并且引入经济学、投资学、法律学等相关专业的专业人员，制订适合于学校自身特点的高效的投资计划，建立投资奖惩机制以及严格的投资理财监督管理机制、财务信息披露机制与投资问责机制，以保证投资的积极性和安全性。三是加强与捐赠方的联系，充分开发校友资源。利用学校的资源优势给予捐赠单位一些互惠回报，组织高校的专家学者为捐赠单位解决一些专业技术上的问题，积极开展公益座谈会之类的活动，向在校学生传达慈善理念，为高校的筹资工作建立起牢靠的感情基础与思想基础。

张倩[①]着眼于高校基金会和高校自身，对高校教育基金会社会捐赠收入

---

① 张倩.高校教育基金会社会捐赠收入的影响因素研究［D］.武汉：华中师范大学，2021.

的影响因素及发展提升进行了分析。通过研究发现，在高校教育基金会捐赠收入中，校友捐赠是非常重要且不容忽视的方面。美国之前对各大高校的捐赠收入结构进行调查时发现，贡献最多的是基金会捐赠，其次就是校友捐赠。目前我国高校教育基金会发展现状：捐赠收入在各大高校之间分布不均，国内高校基金会捐赠收入与其综合声誉、大学排名息息相关，地方高校，特别是偏远高校很难收到捐赠，位于东部的高校在排名接近的情况下，捐赠收入大都高于非东部地区的高校，中央直属高校基金会捐赠收入大都高于地方直属高校的捐赠收入；在捐赠收入渠道和对象上，信息化时代高校基金会至少拥有在线支付、银行转账、邮局汇款、现金捐赠以及捐物等5种以上的支付途径；高校基金会捐赠项目以对象来区分，一般分为学生、教师、学校以及其他。文章得出结论，人才培养能力、科学研究能力、综合声誉、是否为985、所在地区、成立时间、管理费用等对高校捐赠收入的提高有显著正向作用，政治法律和社会文化对高校教育基金会影响较大。

文章对提升高校基金会筹资能力的建议如下。首先在政策法规方面，要设立信息公开制度并切实执行，这是建立起公众信赖感的非常重要的因素。要加强内部监督，构建完善的相关法律体系，完善捐赠人的税收减免法规，国内已有学者呼吁并提倡对于捐赠数额允许全额在税前扣除，借鉴国外经验，考虑将遗产税立法。其次在社会文化方面，要加强慈善文化宣传，重视青少年的慈善意识培养，完善社会保障机制。再次在高校自身方面，要重视软实力建设，学生和教师是高校重要的软实力表现，要丰富学生、教师对外交流的平台形式，开放包容，让外界加强对高校的认识和理解，继而有更多捐赠的机会。要加强校园文化建设，加深学子对于学校的感情，丰富校友返校活动，加强校友情感联络，开发校友资源支持学校发展。最后在高校教育基金会自身方面，加强基金会品牌建设，注重宣传，通过形式丰富、内涵多样的"营销方式"，加强高校基金会社会影响力的宣传。要多样化捐赠途径，重视对年轻人捐赠行为的培养，特别是对于年轻人来说，建立更加便捷的捐赠途径是扩大其捐赠行为的最有效的方式，例如小额捐赠。要设立捐赠回馈环节，感谢捐赠人的支持，联络感情，促进再次捐赠。

戴宇雯、郑振俊[1]比较分析了中外高校基金会税收优惠政策，认为我国高校基金会存在投资收益无法免税、捐赠个人与企业公益性捐赠税前扣除比例不高，尚未出台专门针对高校基金会的税收优惠政策等问题。我国应将投资收益纳入免税收入的范围、提高个人与企业公益性捐赠税前扣除比例且超出部分结转以后年度、出台高校基金会专项税收优惠政策，以促进高校基金会的发展。针对我国高校基金会税收优惠政策，2004年国务院颁布了《基金会管理条例》，明确提出捐赠人、基金会和受益人应当享受税收优惠的政策原则，体现了国家对慈善事业的扶持。建议扩大高校基金会所得税减免收入的范围，将投资收益也归入其中，适当提高企业和个人可抵扣捐赠额。希望能结合高校发展实际，给予高校基金会相关的专项税收优惠政策，鼓励高校基金会的发展与创新。

李琦[2]研究了高校基金会在财务管理工作中的问题，就提高高校基金会财务管理工作效率提出了意见建议。在高校基金会管理运作过程中，财务管理是十分重要且关键的一环。高校基金会财务管理要实现两个目标，一是对捐赠人负责，实现捐赠资金的保值增值，对应的是基金会投融资管理。二是保障捐赠资金使用效益，有效降低运营成本，保证基金会运营收支平衡，对应的是基金会项目管理。高校基金会财务管理还存在一些问题：一是财务职能未充分发挥，财务制度不健全，财务人员专业能力及业务能力

---

[1] 戴宇雯，郑振俊.中外高校基金会税收优惠政策比较研究［J］.新会计，2016（12）：22-24.

[2] 李琦.高校基金会财务管理相关问题之我见［J］.财会学习，2022（1）：52-54.

不够、捐赠资金使用的监管控制不够，缺少项目绩效评价等；二是财务管理方法存在漏洞，资金成本核算不明确，因高校承担办公及人员费，基金会运行成本无法正确体现，传统捐赠资金接收渠道导致便利性不足，影响年轻校友群体等捐赠，财务信息披露不全面等；三是财务管理制度有待完善，因财务政策、制度，特别是新政策掌握不充分，导致基金会运转无法实现有法可依、有规可循，影响财务管理水平；四是财务信息透明度不高，越来越多的高校基金会被认定为慈善组织，相应地，对高校基金会财务信息透明度也有更高要求；五是财务人员专业素养待提高；六是资金保值增值模式较为保守，目前这方面的总体特点是安全性高、低风险、低收益，但是如果不能实现资产的有效保值增值，就意味着现有资产在不断贬值。

鉴于以上问题，文章建议一是提高对财务管理工作重视程度，从高校和基金会内部两个层面都需要充分认识、认可基金会财务管理工作的重要性，高校基金会之间也要加强交流学习，推动行业内财务管理工作更好发展。二是完善财务管理职能与方式，健全基金会财务规章制度，有效核算监管资金，合理开展资金保值增值管理，发展网络捐款等多元化捐赠方式，加强财务管理工作宣传。三是细化和完善财务管理制度，结合高校实际情况对财务机构进行科学、合理设置，补充完善会计制度、审计监督制度等现有的各项财务管理制度。四是提高财务信息透明度，拓展信息公开渠道，及时向社会公开年度财务报表等信息，并加强与社会专业基金管理机构和公益性基金会的合作、借鉴经验。五是全面提升财务管理人员综合素质，基金会要为财务人员提供学习提升机会，财务人员也应主动参加各种培训和学习活动，增强财务管理规范意识。六是创新资金保值增值模式，对现有的资金保值增值模式进行改革创新，根据业务量按季度或按月制定资金收支方案，在保证支出和资金安全的同时，选择间歇资金保值增值模式，尽可能确保闲置资金余额最小化；对日常支出资金选择通知存款方式存放，这样不仅方便支取，还可以减少收益损失，而对于沉淀期限较长的资金可以选择定期存款方式进行存放，以此来提升资金收益率；对于资金结余量大的基金会，应引入风险控制管理体系，适当增加风险大、收益大的项目投资；通过专业化、多元化投资实现资金的长期稳健增值。多元化是保证资产长期增长的一个有效法则，而专业化是达到目标的一个简便途径。

杨晓慧[①]也分析了我国高校教育基金会在财务管理、资金使用分配上存在的诸多问题。一是高校教育基金会管理体制不够健全。我国高校基金会一般作为高校的职能部门进行管理，基金会在资金的管理上缺少权限，不能很好地适应市场需求。二是基金会财务自主权较低，许多高校基金会均由学校的党委书记或者副校长兼职基金会理事长，由高校财务处行政人员来兼职基金财务负责人，这种管理人员交叉设置的模式，直接制约了基金会财务的自主权利，且对基金会资金的管理经验欠缺，存在资金审批权不明确、运作不透明等问题。三是成本核算体系不够健全。我国高校基金会基本上是依附于高校，在办公场所、办公设备以及办公人员上没有明显的界限，导致基金会的经费以及资金都没有进行自主的管理和结算，会带来成本核算失真的问题。四是资金的保值与增值较弱。高校基金会的资金贬值问题日益突出，基本只是存放银行收取利息，缺乏丰富的保值增值方式，在进行其他投资的过程中过分谨慎。相应地，对于高校基金会提升财务管理能力的意见建议：一是完善基金会会计核算体系。高校基金会作为独立法人，与高校适用于两套不同的会计制度，应建立符合非营利组织特点和要求的会计财务核算体系，并聘用独立于高校财务办的财务工作人员，以保障在资金筹备、审核以及使用方面高效。二是拓展基金会筹资渠道。高校基金会应该与校友会紧密联系合作，充分挖掘校友的人脉以及资源，推动捐赠工作开展，同时，也应通过网页、APP（应用程序）、小程序等多种捐款平台，丰富基金会接受捐赠的形式，方便社会公众参与捐赠。三是加

---

① 杨晓慧.高校教育基金会财务管理问题分析［J］.纳税，2019，13（4）：131.

强资金运作、提高资金保值能力。通过构建专业的投资理财团队或者委托第三方机构对闲置资金进行管理，探索创新和拓展投资模式，如购买国债、企业债券等产品，科学地降低投资的风险，提升资金增值能力。四是加强资金管理工作，进行全面资金管理。高校应严格按照协议用途及捐赠意愿执行捐赠项目，定期向社会公示捐赠资金使用信息，做好资产的公开、公正以及透明管理，不断提升社会公信力。

李门楼等[①]分析了高校基金会捐赠项目管理规范化、专业化发展路径。认为高校基金会的捐赠项目管理依赖理事会决策、监事会监管、秘书处统筹协调管理及校内受益单位具体实施完成。在计划阶段，由项目管理人员围绕项目目标开展组织、资源配备、指导与领导以及控制工作等，包括研读捐赠协议、分解任务、建立项目档案、明确受益方责任等，这是项目管理的基础工作；实施阶段是核心阶段，通过监控、反馈、调节等环节的有效工作，最终保证项目管理达到预期目标，包括分类建立捐赠项目管理机制、进行信息化管理、严格财务管理；完成阶段是项目管理的保障工作，通过信息披露、回馈机制和绩效评价，达到对捐赠人负责、对社会负责的目的，包括完善信息披露制度，公开捐赠收支信息，建立捐赠者回馈机制，满足捐赠者价值追求，开展项目绩效评价，促进捐赠项目良性循环。

侯国林[②]以 BF 基金会为例对基金会内控管理进行研究。他认为高校基金会的性质主要体现在公益性、慈善性、社会性、教育性、服务性等方面。高校和基金会之间普遍存在着控制、共同控制、重大影响的关联关系。根据法律法规和基金会章程的约定，高校基金会一般都有理事会、监事（会）等决策监督机构，但内控、内审、监督等机构的建制和实际功能待完善；

---

① 李门楼，丁苗苗，周迪.高校基金会捐赠项目管理探析［J］.管理观察，2016（8）：117-118.

② 侯国林.高校教育基金会内部控制存在问题及对策研究：以 BF 基金会为例［J］.纳税，2019，13（22）：248-249，252.

基金会属于学校的一个行政机构，重要岗位和关键人员大都由学校委派、兼职；基金会大多数规章制度参照学校制度执行；基金会捐款收入主要依靠学校平台，项目执行依托各院系部门，其捐赠收入主要用于支持学校建设、补充学校办学经费。BF 基金会内控存在的主要问题如下。首先，内控规范体系框架不健全。基金会缺乏明确的内控目标和原则，基础内控环境建设薄弱、风险评估环节缺失、控制活动具体方式简单、信息与沟通重要条件有限、内部监督保障极其弱化等问题。其次，内控体系不健全。内控组织形式缺失，没有内控、内审部门，没有独立的财会和公益慈善项目执行部门。再次，内控评价与监督极其弱化。未开展过内控评价，未建立独立的内控评价指标体系，缺少内外部监督的机制及有机配合，被动接受外部监督，监督效果有限。

文章对 BF 基金会解决内控问题的政策建议包括以下几点。一是实现内控顶层设计，完善内控体系框架。明确内控的定义、目标、原则，规范风险评估要素、控制活动要素、信息沟通要素、内部监督要素等内控要素内容，打牢内控基础。二是健全内控体系建设。聘任专业的会计师事务所作为内控建设和管理工作的咨询机构，加强组织形式建设，成立理事会和常务理事会，切实提高理事会决策效率，将学校的审计、国资、组织部专业人员纳入监事会，从审计专业方面、党组织活动方面、纪检监察方面对基金会工作进行全面监督；成立联合党支部，积极发挥党组织的战斗堡垒作用；聘任学校财务处长兼职秘书长，选用德才兼备、业精会管的财会人员负责基金会的财务工作；成立基金会办公室，负责落实理事会决议、内控、内审、慈善项目等日常管理工作；强化单位层面控制建设，明确理事长对基金会内控的建立健全和有效性负责，规定内控关键岗位工作人员的任职条件；明确基金会办公室为内控职能部门，明确学校审计、纪检监察在基金会内控中的监督作用；明确慈善项目中学校各相关部门或岗位在内控运行中的责任；明确要综合运用新时代科学技术手段强化内控；明确编制财务报告相关信息的质量要求；强化业务层面控制建设，梳理资产资金、财务、预算、合同、公益项目、信息公开与宣传等管理业务流程，系统分析慈善业务活动风险，细化各项业务各个环节的责任和分工，修改完善基金会规章制度，将慈善业务的决策、执行和监督的各个环节和关键控制点融入各项规章制度之中，并督促认真落实。三是完善内控评价机制，每年对内控有效性进行评价，每两年聘任专业的会计师事务所对内控进行审计；融合企事业内控评价指标与基金会评估指标，设定内控评价的核心指标，明确内控评价的原则、内容、程序、方法、缺陷认定和评价报告，按时对内控设计与运行的有效性进行全面评价、形成评价结论并出具评价报告，在评价的基础上，"以评促建"完善内控机制。

陈天睿[1]从内部治理、预算管理和制度建设等几个方面提出优化高校教育基金会内部控制的具体措施。文章指出，在现有的高校教育基金会管理制度体系中，没有有效地解决高校教育基金会治理结构存在的问题，没有清晰地表达高校教育基金会与大学的关系，没有深入探讨和反映高校教育基金会资源配置与学校预算之间的关系，没有提供学校在职人员在基金会酬金发放管理、差旅费用、会议费以及出国等管理办法等制度。文章对加强高校基金会内部控制的对策建议如下。

一是以制度化形式明确高校教育基金会与大学之间的关系。2014 年，教育部、财政部、民政部联合发布的《关于加强中央部门所属高校教育基金会财务管理的若干意见》（简称《意见》）规定"基金会财务工作在基金会理事会领导下开展，并接受业务主管单位和学校财务部门的业务指导和监督"；2018 年 11 月 12 日，深圳市教育局发布《深圳市高校教育基金会业务管理办法（征求意见稿）》，明确指出高校教育基金会在发起高校和教育基金会理事会的双重领导下，依据章程开展工作；高校应当指导、监督

---

[1]　陈天睿.高校教育基金会内部控制问题探讨［J］.会计师，2019（11）：55-57.

本校教育基金会加强自身建设，依照法律法规和章程建立健全法人治理结构等；2017年，中央巡视组检查出的问题反映部分高校教育基金会在制度建设上存在问题，但更多的是反映出高校教育基金会管理在治理体系认识上存在问题。部分高校错误地理解基金会的独立性，将大学难以处理的业务事项移植到基金会处理，发挥基金会的"独立性"作用，"转嫁"大学的部分管理风险。希望国家尽快出台相关政策，明确基金会与大学的关系，厘清大学基金会的治理体系，明确学校在基金会管理上的职责，规范大学的基金会管理。

二是探讨高校基金会预算与大学预算之间的关系。高校教育基金会成立的主要目的就是从社会筹集资源弥补大学教育事业经费的不足。随着我国经济发展、观念改变，高校教育基金会接受社会捐赠资金总量持续不断增长，基金会的资产规模越来越大。根据2017年度的统计，高校教育基金会净资产规模超过十亿元的已达6家，简单地按照8%的资产收益率计算，这些大学基金会仅资产收益就可能超过8000万元。在现行的财务管理体系下，高校教育基金会与大学属不同性质的独立法人，遵循不同的会计核算制度，独立进行核算。高校教育基金会获得捐赠即使完全用于支持学校教育事业发展，如学校基础设施建设、学生奖助学金及人才专项等，收支仅仅反映在基金会财务报告中，未在大学财务报告体系中披露反映。所以，大学财务报告中所反映的教育业务活动信息是不完整的，没有在真正意义上反映大学在教育活动中的资源投入。同时，也不利于大学统筹资源，不利于高校实施全面预算管理，2019年实施的高校新政府会计制度设置了捐赠收入及捐赠支出科目，试想一所高校建立大学基金会，捐赠业务通过基金会反映；另一所高校没有基金会，捐赠业务在学校核算反映。两所高校财务报告体系核算反映和披露的收支有差异，财务信息的可比性下降。为客观全面地反映高校在教学活动中的资源投入，有必要探讨在满足现有预算管理要求的前提下，增设补充性的财务附表，将高校教育基金会相关事项合并到学校财务报告体系中，统筹资源，有效地反映高校的资源投入。

三是尽快推进高校基金会财务管理制度体系建设。加速高校教育基金会财务管理体系建设，完善制度体系，保证高校教育基金会有制度可依、规范管理。目前指导高校教育基金会财务管理工作的制度是 2014 年教育部、财政部、民政部联合发布的《意见》。该《意见》虽然涉及面很广，有解决基金会层面事项的，如基金会治理、资金筹措管理、投资管理等；也有涉及基金会业务层面的，如银行账户管理、票据管理等。优点是有针对性，但局限性也是显然的，即缺乏系统性。在未来对基金会管理制度的建立上，建议参照国家行政事业单位的财务管理体系，有针对性地制定出符合基金会业务活动特点的具体制度，如投资管理、关联方交易、差旅费管理、会议管理等制度，切实规范基金会的业务活动。在高校教育基金会制度的建设中，建议重点应放在强化基金会筹资管理、捐赠资金使用管理、投资管理以及信息公开管理和控制风险上，保障基金会的资产安全，尽可能地简化基金会日常的财务核算和管理工作。《意见》中规定基金会资助学校的项目，在使用时可转至学校进行财务明细核算。建议进一步细化扩展可转至学校的业务事项和范围，即除了目前奖助学金发放等事项外，应扩展到更多的业务处理中，一来简化基金会日常财务核算管理，二来客观反映大学教学活动业务开展情况。比如对在基金会形成的公益性使用的固定资产，如果使用方是大学，应许可基金会将相关资产转入大学资产管理体系中核算。试想，如果基金会筹集资金为大学建设一座大楼，形成资产提取的折旧在基金会账户核算反映，但资产实际归大学教学或科研活动使用，费用未在大学教学或科研业务活动中反映，与实际不符。

徐翘捷[1] 分析了新时期高校教育基金会筹资与投资模式创新，认为我国高校教育基金会传统的筹资与投资模式普遍存在筹资渠道单一、筹资规模

[1]　徐翘捷.新时期高校教育基金会筹资与投资模式创新研究［J］.武汉冶金管理干部学院学报，2022，32（1）：18-20，38.

欠佳、投资策略保守、投资收益较低等现实问题，体现出与新时期发展要求的不适性。有必要从拓展筹资渠道、改善筹资结构、扩大筹资规模以及优化资产配置、创新投资策略、提高投资收益等方面探索新时期高校教育基金会筹资与投资模式的创新路径。相比于发达国家，我国的高校教育基金会仍处于发展的初级阶段，存在筹资与投资模式的不适性，具体表现为：筹资来源单一，不同学校的筹资能力存在较大差距，高校教育基金会筹资来源包括捐赠、投资、服务、补贴及其他多种渠道。多数高校教育基金会仍以捐赠现金作为主要筹资渠道。国内高校教育基金会投资时首先考虑的是资金的流动性与安全性，其次才是收益率，多委托银行、信托、券商等机构，以短期理财产品投资为主，长期投资产品品类和配置资金明显不足，长此以往，导致高校教育基金会投资收益难以达到预期。为了顺应新时期高校教育改革对经费不断上涨的要求，高校教育基金会创新筹资与投资模式势在必行，要拓展筹资渠道，改善筹资结构，扩大筹资规模，打破"营利"与"公益"相对立的固化思维，将高校教育基金会面向市场开展营销推广，实施职业经理人制度并进行专业化运作。

文章建议国内高校教育基金会借鉴国外一流高校的经验，制定资金运作的长期目标，建立比较基准，促进资本的高效增值。一方面，要效仿国外投资管理模式，设定基金会收益目标，扣除投资费用与通货膨胀，以长期投资目标全面激活基金会的市场运作动力，同时为多元投资组合、投资策略创新提供指导，确保投资过程更科学、投资收益稳健提升；另一方面，基金会要增设内外部投资总监以强化公共市场团队及资产团队的沟通协调，并成立专业运作团队专门负责研究国内外形势变化、社会变迁及政策等多元因素对投资环境的影响，为长期投资决策的制定提供科学依据，避免市场发生小概率巨变事件而影响基金的总体投资回报。要推行风险管理，优化资产布局，要将自身管理与外部管理统筹结合，立足全球视野全面分析各国市场及其投资项目，重视具有优势的长期投资并全面加强多元、动态风险管理，在投资运作中要结合国内国外金融市场及政策环境的差异，综合权衡国内外投资环境下的潜在收益、市场风险及自身能力，制定与自身实际相符的投资策略与风险应对措施；此外，要一改基金运作上的"守财"求稳思想及封闭式发展格局，在法律政策许可的范围内积极寻求与国外高校基金会的合作联盟，通过强强联合、开放发展共同开辟投资新格局。

张红[1]提出了高校教育基金会投资运作策略。随着我国高等教育进入大众化阶段，高校教育基金会的规模和数量不断扩大，但资金营运效率却与其规模不协同。近年来，高校教育基金会呈现"被抛弃"的趋势，原因在于资金管理存在诸多问题，如管理体制不健全、管理人才匮乏等。投资方式单一，众多的高校基金会是"有钱不会花"，不知道如何实现资金的最佳投资组合。高校教育基金与除债券、股票等投资方式外的其他方式合作深度不够，缺乏必要的管理团队和人才，缺乏有效的资金管理组合方式，未能与外部管理团队达成深度合作，在风险收益、属性匹配和供需一致等方面未能形成组合。管理方式笼统化，任何时期均采用统一的资产管理方式。由于深受传统集权思想的影响，通常不会放权至二级学院，导致学校精力有限，难以顾全。文章对高校教育基金会投资运作策略进行了分析，认为要打出资产管理"组合拳"。高校教育基金会投资要强调资产管理的组合化和多元化，增加新的基金组合，可以是证券组合基金，也可以是产业基金，细化资产管理周期。结合基金会的管理实践发现，在不同的阶段，资产管理可能呈现不同的方式。根据区域政策的特征制定投资标准，确定具体的管理模式和资产周期，突出重点部门、重要领域和重要环节，根据实际情况，针对不同的资金规模、资产周期、地域特点配以相应的具体评价标准和评价内容。

---

① 张红.高校教育基金会投资运作策略［J］.当代会计，2018（8）：61-62.

任潇等[①] 分析了高校基金会的公信力建设。近年来公募基金相关的负面新闻相继被报道，使得公益事业建设越来越受到社会的关注。基金会的行为、制度、绩效等公信力成为人们关注的焦点。随着公益慈善事业整体公信力的下降，也导致许多高校在募集资金、拓展项目等方面面临着困难和挑战。如何提升高校基金会的公信力建设成为当下高校基金会建设的最迫切的问题。基金会公信力是指捐赠人、受益人、政府机关、第三方评估机构以及其他社会公众对基金会在合法性、理念、制度、运作、绩效等各个方面的认可与信任程度。从公众参与层面来说，公信力是基于公众对基金会内部管理、项目运营情况等了解后的评价及支持情况；从基金会自身透明度层面来说，公信力就是基金会在信息披露、监督机制、回应公民诉求等方面加强透明度以获得大众信任的能力。社会捐赠是基金会资金最主要的来源之一，基金会公信力是维持基金会长期稳定的基础。要想获得更多的社会资源，基金会必须具有良好的公信力，才能更科学合理地接受和管理社会各界给予高校的捐赠，更充分地发挥这些社会资源价值，更大程度地引入教育资源、促进高校教育事业发展建设。同时，也应更优质地发展基金会本身，进而更好地履行职责，最终形成一个良性循环。基金会公信力能够保障基金会组织的合法性。如果基金会非法盈利、违背公共道德，就不能很好地发挥其公益性作用，久而久之，基金会的公信力将不复存在。

文章分析指出了目前高校基金会公信力建设存在的问题和发展方向。一是内部治理机制不够健全。高校基金会存在独立与非独立的对立博弈，高校基金会对外作为非营利组织基金会法人的角色，承担独立运作、独立审计、独立税务、法人责任，对内则是学校内部机构，其财务运作左右受限。打造高素质、高能力的基金会工作队伍，是提升公信力的重要要求，

---

① 任潇，宋爱琳，车凯，等.浅谈高校基金会的公信力建设［J］.财富时代，2021（6）：179-180.

人才建设机制落后，短年限、高转岗的工作性质决定了基金会工作人员必须具备过硬的能力素质，然而高校对于基金会团队建设和业务培训的投入成本并不多。二是外部问题。监督基金会的相关法律法规不完善。基金会这一相对新的组织的建立，社会公众对之了解较少。除了通过电视、书籍、网络等载体了解基金会相关信息外，公众很少有可参与监督的渠道。虽然网络及社会媒体有较强的时效性和影响力，但是由于信息的不对称，可能存在传播虚假信息的现象。因而，要加强基金会公信力建设，加强内部规范管理，坚持公平正义、公开透明的原则，不断提高工作的规范化、科学化和专业化水平；要建立信息公开制度，通过网络媒体等渠道，及时发布基金会各项活动信息，对捐赠信息、年度审计报告进行公示，提高工作透明度；要强化外部监督，借助政府、行业协会、第三方评估机构及媒体等多方外部力量监督高校基金会的工作，加强对高校基金会的规范化管理；要鼓励广大群众作为公益的参与人一起建设健康的社会捐赠环境，要坚持平等、互助、尊重、发展的价值观念，通过线上线下相结合的模式，充分利用广播、电视、互联网等网络媒介资源，以及筹办校友会、周年庆、创办捐赠名卷及校友刊物等线下活动，完善高校捐赠回报激励机制，这也有利于高校基金会和社会公民之间进行互动，合力促进高校基金会公信力的建设与发展。

四、关于高校校友会的建设与发展

校友资源是学校的宝贵财富，做好校友会工作对学校发展意义重大。

仇华[①]分析了校友资源的内涵，认为校友资源是指校友自身作为人力资源以及校友所拥有的财力、物力、信息、文化和社会影响力等资源的总

---

① 仇华.高校校友资源的发掘与校友会的运作［J］.统计与管理，2016（11）：108-110.

和，包括有形资源和无形资源。校友累积着学校的品牌资源，衡量一所大学是否是一流大学的各项指标中，有一个必不可少的指标就是是否有一流的校友。校友就是一所学校的名片，校友的成功就是对学校最好的宣传，校友在自己的工作岗位上，在社会上做出的贡献越大，社会对学校的美誉度就会越高。一届又一届的校友在创造和累积着学校无形的品牌价值。校友蕴含着丰富的信息资源，每一个校友都是一个信息源，在母校和校友之间打造一条信息的高速公路，将会极大地推动学校的教科研改革、产学研、招生实习以及就创业一体化。校友是鲜活的职业生涯指导资源，校友多年的打拼，积累了丰富的实践经验，他们的奋斗历程和感悟都是鲜活的生涯规划指导素材，通过校友指导，大学生可以进一步了解职场，了解专业发展，职业规划更具理性、更具前瞻性。校友是高校建设和发展重要的财力资源，校友感恩母校、回馈母校往往通过捐款捐物、设立奖助学金、进行场馆建设或其他合作等方式从财力方面支持母校的发展。

文章研究分析了我国高校校友资源挖掘中的主要问题和对策建议。目前我国高校校友资源发掘中存在的问题表现如下：活动少，一般高校校友工作多数处于起步阶段，校友活动少而单一，缺乏战略规划，尤其是缺少针对校友需求而开展的活动和服务；组织不够规范，进行校友资源开发工作的组织机制不够完善，专门负责校友工作的组织，往往是挂靠学校的某个行政部门，缺乏完善、规范的章程和行为准则；理念的偏差，许多高校还没有充分意识到校友资源的重要性，同时，许多时候还停留在学校利益层面上，片面地要求校友为学校捐赠，要为学校发展服务，并将各学院捐赠金额作为考核的一个指标，而未认识到校友深层次的母校情结和校友意识是紧密联系校友和母校的一根纽带。对于挖掘校友资源和促进校友会发展意见建议主要有以下几点：要确立正确的校友工作理念，优化服务意识，不仅是校友为学校服务，学校也要为校友服务，不仅要瞄准校友和在校生，还要通过服务，让他们的亲人也参与进来，让这种校友意识能传承下去，才能拥有可持续的校友工作；要提高服务实效，创新服务方式，打造在校生和校友之间沟通交流的平台，让杰出校友充分发挥感召引领作用，在促进其未来职业发展中，在校园文化人文熏陶中，培育和增进他们的爱校情感；要借助新媒体，如学校网站、微信、微博等，让校友便捷及时地了解学校和校友的情况，提升校友对学校发展的关注度及校友之间的沟通融合，还可邀请校友参与学校管理，进一步增强其校友意识，增强其为母校服务的意识。

张宏、赵忠伟、朱建庭 [①] 也对如何开发校友资源进行了研究，认为校友有广义和狭义之分。狭义的校友一般指曾经在同一所学校接受过系统教育并最终获得国家承认学历的人员，广义的校友是指曾经在同一所学校学习过的各种层次和各种类别的学生，以及在学校工作过的教职员工等人员，还包括那些对某所高校的发展起过积极作用的人士。校友资源就是指校友自身作为人力资源以及校友所拥有的财力、物力、信息、文化和社会影响力等资源的总和。校友对高校建设发展具有重要意义和价值。校友是高校的形象资源，是学校最生动的"形象代言人"，校友们的综合素质、社会贡献、价值观检验着学校的办学理念和办学质量。校友是高校的育人资源，广大校友以对社会的贡献为母校增添光彩，对在校大学生而言，校友是学长，也是编外老师。校友是高校的教学资源，校友中的很多人已经成为相关研究领域的专家，他们丰富的经验和技术都是宝贵的资源。学校聘请他们作为本校的客座教授，不仅可以促进高校教学与实践有效结合，也可以优化师资的人才结构。校友是高校的信息资源，在科技、教育、产业和人才引进等方面，他们能够及时提供各种成为学校决策重要依据的信息。校友是高校的产业资源，校友中优秀的企业家和实业家，能与学校开展相关

① 张宏，赵忠伟，朱建庭.高校校友资源的开发与应用［J］.科学咨询（科技·管理），2021（1）：26-28.

产学研合作，推动学校科研成果向现实生产力转化，促使学校与社会开展多项合作；校友是高校的社会资源，分布在各行各业的校友是学校与社会各界发生联系的巨大社会关系网，是一个庞大的人脉系统。学校要加强与校友的联系与沟通，更好地开发和利用好校友公共关系资源，达到共同发展的目的。校友是高校的物质资源，部分有实力的校友通过捐赠的方式为学校提供教研资金、办学设备等，许多校友借助他们的社会影响力和丰富的社会关系，为母校牵线搭桥筹措资金，这成为高校筹资的一个重要渠道。校友是高校的文化资源，校友既是校园文化的创造者，又是校园文化的传承者。

对于如何开发和利用校友资源，文章建议，一要培育母校情怀，加深校友感情。要积极主动及定期联系校友，开展校友寻访、与校友座谈是校友工作中的常规工作，也是母校主动与校友联系感情的方式；要积极开展专项活动，以班级或年级为单位开展返校联谊活动，定期或不定期开展兴趣活动，增加校友的归属感和认同度；要为校友提供优质服务，热心帮助校友解决问题，为校友提供优质服务包括积极为校友回母校再深造提供服务，积极为校友单位人才培训、科技咨询等牵线搭桥等。二要健全校友工作网络，统筹开发校友资源，应自上而下建立健全包括校友总会、各地校友分会、各院系校友分会、各行业校友分会在内的校友工作网络，形成"学校统筹，部门协调，校院结合，各地互动"的校友工作格局。三要创新校友工作模式，积极构建校友组织，建立并完善校友联系机制，建立并不断更新和完善校友信息数据库，收集、保管并妥善使用校友信息，加强与各地校友会的联络，经常到各地校友会走访、座谈，沟通情况，联络感情。树立全员参与校友工作的意识，积极发展中青年校友，壮大校友队伍，开展形式多样、规范有序的校友联谊活动，组织植树、捐献、重游校园、座谈交流、食堂聚餐、合影留念等丰富多彩的纪念活动，保持母校与校友之间的紧密联系。

　　章哲恺等 [①] 也研究了高校校友工作中存在的问题和对策建议。他们认为很多学校通过建立校友会平台与广大校友保持密切联系，校友会为学校带来丰富的公关资源和捐赠资源，对提高学校办学能力、人才培育、促进就业等各方面都有深远影响，知名校友对高校的影响力提升和建设发展帮助也很大。我国高校校友工作不足表现为：部分高校校友工作未得到充分重视，校友资源的储备和维护工作缺乏常态化；校友会工作人员素质不够高，缺乏创新性，不能很好地匹配岗位职责；校友会工作管理有待加强，校友信息资料不够完整、更新不及时等。提升校友会工作的举措包括：高校重视并投入一定的人力、物力、财力组织开展校友工作；校友会要注重宣传、提升创造力，积极组织活动加强校友的联络互动，依靠学校的文化认同和精神熏陶调动校友的积极性；从在校学生开始强化其校友意识，为其提供温馨的学习环境和丰富多彩的校园活动，增强归属感和自豪感；建设高素质校友工作队伍，做好校友管理及对接服务工作；借助信息技术和网络平台，建设并随时更新校友信息数据库等。

---

① 章哲恺，孙保华，汤丽慧.对做好高校校友会工作问题的思考［J］.中国培训，2016（6）：100.

第二章 高校对外筹资的功能与作用

近年来，高校筹资意识和积极性显著提升，许多高校相继成立基金会进行专业化筹资运作，也陆续接到单笔上亿的大额捐赠，捐赠资金已经成为支持高校建设发展的重要资金来源。对于艺术类高校而言，接受国家财政拨款的总量远低于其他类型的高校，更好地拓展筹资渠道、提升基金会筹资的专业化和规范化水平、广泛动员社会力量捐赠支持艺术院校"双一流"建设显得尤为重要。加快建成一批世界一流大学和一流学科，提升我国高等教育综合实力和国际竞争力，是党中央、国务院立足当前、面向未来作出的重大战略部署。推进"双一流"建设为我国高校发展提供了重大机遇，也要求高校进一步改革完善投入机制，为推进"双一流"建设提供重要支撑。2015 年，国务院印发《统筹推进世界一流大学和一流学科建设总体方案》，明确提出构建社会参与机制，加快建立健全社会支持和监督学校发展的长效机制，鼓励有关部门和行业企业积极参与一流大学和一流学科建设。可以说，依托基金会积极拓展筹资对高校建设发展具有多方面积极意义。

一、高校对外筹资的治理功能

对外筹资是完善高校治理结构的组成部分，高校基金会是完善高校治理体系的重要组成力量。深化高校综合改革，积极构建高校工作的社会参与机制，是加快中国特色现代大学制度建设和推进国家"双一流"建设的必然要求。近年来，随着国家公益慈善事业发展，高校纷纷成立基金会并不断健全相应的组织体系和工作机制，积极扩大对外筹资和社会合作。一方面，高校基金会积极募集社会捐赠资源支持学校教育事业发展，推动学校教学科研开展，改善学校办学条件，完善学生资助体系，推动一流师资队伍建设等；另一方面，高校基金会发挥着连接学校和社会的桥梁纽带作用，推动高校用更广阔的视野、更开放的态度面向社会，服务国家重大战略任务，不断提升高校的社会影响力和号召力。在这个过程中，高校基金会的重要捐赠人也被吸纳进入学校理事会，共同参与学校建设发展决策。从这个意义上讲，学校基金会不仅发挥着筹资的职能，更是如同高校理事会一样发挥着推动高校治理体系现代化的作用。推进高校基金会建设，有助于不断完善高校社会参与机制、健全高校治理结构、提升高校治理能力。

二、高校对外筹资的经济功能

高校建设发展离不开充足、可持续的资金投入。对外筹资是高校的一项极其重要的工作，也是衡量高校办学能力、建设质量和对外合作水平的重要指标。基金会筹资为高校建设发展提供重要经费补充。目前，我国高校的资金来源主要由财政投入、社会捐赠、学杂费和其他经费组成。其中财政投入占主导地位，并且每年持续增长。1995 年，我国颁布的《中华人民共和国教育法》和 1998 年颁布的《中华人民共和国高等教育法》，都明确了国家建立以财政拨款为主，其他多渠道筹资为辅的教育投资体制。政府财政拨款的优势是稳定，可以为高校发展提供稳定且可持续的有力保障，同时，财政资金的劣势是灵活性不够。完全依赖政府财政拨款，将减弱高校拓展对外合作的积极性，也会在一定程度上削弱高校的自主创新活力。

受国家财政收入情况影响，国家财政拨款总量是有限的，财政收入波动，会给高校建设发展带来投入风险。因此，推进高校建设发展亟须开辟多元化筹资渠道。纵观世界一流大学建设发展过程，无论是公立大学还是私立大学，都离不开充足的办学经费，特别是社会捐赠资金的支持，像哈佛大学、普林斯顿大学这类私立大学的捐赠资金在办学经费中的占比更是达到50% 以上。虽然目前我国各类学校社会捐赠资金所占比例还比较小，但是通过对外筹资的社会捐赠资金在明显增长，这些资金广泛用于高校的基础设施建设、科学研究、学科发展、教师队伍建设和学生成长等多个方面，为高校开展"双一流"建设提供了经费补充，在推进高校建设发展中发挥着越来越重要的作用。

三、高校对外筹资的文化功能

高校是思想文化建设的主阵地，建设一流大学需要加强高校文化软实力的建设。高校基金会对外筹资与高校文化软实力建设相互促进、相得益彰。高校基金会筹资有助于提升高校文化软实力。一方面需要依托高校的声誉和信誉，争取社会各界的支持和合作。另一方面，加强高校基金会建设和扩大对外筹资，有助于传播高校的价值观和办学理念，增进社会各界对高校的了解和信任。从这个意义上讲，高校对外筹资能力反映高校的综合实力，特别是集中体现高校的影响力、知名度和美誉度。近年来，北京中央美术学院教育发展基金会（简称"基金会"）将开展公益项目与传播学院的核心精神结合起来，通过实施公益项目反映学院的文化传承、办学理念、价值判断和理想追求。比如在建校 100 周年之际，筹资设立"徐悲鸿奖"，传承老一辈艺术家精神风范，奖励在教育教学、艺术创作、学术研究、服务社会中做出突出贡献的老师，发挥中央美术学院在美术事业和美术教育事业中的引领作用。同时，高校基金会开展公益项目资助，有助于增强学生的归属感，培养学习公益精神，增强社会责任意识和奉献精神，对学生形成并建立科学的世界观、人生观和价值观都大有裨益。如中央美术学院筹资设立"千里行奖学金"留本基金，持续资助优秀应届毕业生，鼓励青年艺术家发扬奋发向上、崇尚艺术、勇于创新的精神，成长为德才兼备、全面发展的艺术人才。

四、高校对外筹资的社会功能

高校基金会是激活高校资源服务社会的重要平台。社会服务、人才培养和科学研究是高等院校的三大职能，高校社会服务能力也是衡量"一流大学"建设成效的重要指标。尤其是高校专业学科优势突出、高等创新人才聚集、各类信息资源充盈、科研文创成果丰硕，具有服务社会的专业能力和资源基础。高校基金会对外筹资本质上是高校服务社会的有效方式，通过开展对外合作项目，将高校的人才和智力资源转化成为社会服务项目，发挥高校资源的社会价值。在服务社会的过程中，加快学校科研和教育成果转化，为高校带来新发展资源和契机，实现良性互动。中央美术学院作为教育部直属的唯一一所高等美术院校，一直秉承"关注现实，服务社会"的优良传统，近年来，积极吸引社会捐赠资金支持学校优势资源向社会服务转化，如设立美术馆建设发展和展览项目，将美术馆的学术成果惠及大众，不断推广美育工作，提升当代艺术社会认知度和大众审美能力；设立面向全国的儿童美育提升项目，创新模式引导社会、家庭及个人建立正确积极的美育理念，推动全国儿童美术教育的健康发展。

第三章　高校对外筹资的管理体制

基金会、校友会、理事会是学校职能部门，作为学校与社会各界以及校友联络的平台和窗口，有责任有义务立足本职、发挥优势，不断提高责任意识和服务意识，不断增强工作能力，通过争取充足的社会捐赠资金、提升校友群体专业水平以及畅通学校与外界联络渠道等方式，为高校教育事业发展贡献力量，最终推动国家教育事业向前发展。近年来，中央美术学院教育发展基金会、校友会、理事会三个部门协同配合，始终坚持跟随学校的发展方向和重点任务，结合学校"双一流"建设、"新百年"战略需要，基金会发挥优势广拓筹资资源，服务于学校一流师资和一流学科建设，校友会搭建联络平台凝聚校友感情，致力于一流校友队伍建设，理事会团结各方力量构建学校与社会共赢共享机制，扩大学校的社会影响力和号召力，为学校"新百年"战略和全面建成具有鲜明中国特色的世界一流美术学院提供有力支撑。

一、中央美术学院简介及其对外筹资工作现状

中央美术学院是中华人民共和国教育部直属的唯一一所高等美术院校，其历史可以上溯到中国现代美术教育的开端——创办于 1918 年的国立北京美术学校，这也是中国历史上第一所国立美术教育学府。学校秉承着"尽

精微、致广大"的校训,坚守"注重使命、崇尚学术、尊重人才、兼容并蓄"的文化理念,传承"关注现实、服务人民"的光荣传统,培养造就了一大批国家需要、人民喜爱、时代呼唤的优秀艺术人才。百年来的文化积淀和育人实践中,中央美术学院逐步成长为中国高等美术教育领域具有代表性、引领性和示范性的美术院校,并在世界一流的美术院校中享有重要地位。

2018 年 8 月 30 日,习近平总书记给中央美术学院老教授回信,就做好美育工作,弘扬中华美育精神提出殷切期望,为学院建设发展注入强大动力。2017 年,中央美术学院的美术学、设计学两个学科入选国家"一流学科"建设计划。在庆祝中华人民共和国成立 70 周年、庆祝中国共产党成立 100 周年、北京 2022 年冬奥会等党和国家重大庆典和活动中,中央美术学院都贡献了重要的艺术创造,以百年学府的艺术积淀,完美诠释了引领中国美术事业和美术教育事业发展的使命担当。站在新的历史起点上,中央美术学院将以建设世界一流美术院校为目标,以大爱之心育莘莘学子,以大美之艺绘传世之作,攀登中国和世界高等美术教育的新高峰。

中央美术学院的建设发展离不开社会各界的大力支持。为充分发掘和调动社会力量参与和支持美术教育事业,构建社会力量支持学校事业发展长效机制,2011 年 9 月 29 日,北京中央美术学院教育发展基金会经北京市民政局正式批准成立,业务主管单位是北京市教委。基金会于 2017 年和 2021 年分别获得慈善组织和 5A 级社会组织认定,依法享受政府对非营利性组织的相关免税待遇。北京中央美术学院教育发展基金会的宗旨是:加强联络吸纳资源,促进美术教育及文化发展。基金会将通过接受各类社会捐赠为中央美术学院的建设注入源源不断的活力,为中国现代美术未来发展提供动力支撑。

经过十余年建设发展,北京中央美术学院教育发展基金会已具备坚实的硬软件条件,健全的内部治理机制,有效的筹资激励措施,科学的项目资助体系,累计筹集各类资金 3 亿余元,相继设立了百余项资助项目,资助内容覆盖学校建设、学科发展、学生培养、师资提升、社会服务等方方面面，为推动中央美术学院建设发展和国家美术事业发展做出了积极贡献。北京中央美术学院教育发展基金会愿与关心中国美术教育事业的社会各方发展交流合作关系，广泛吸纳社会资源，为我国美术教育事业的发展做出更大的贡献。

二、中央美术学院对外筹资工作管理体系

北京中央美术学院教育发展基金会严格依据《北京中央美术学院教育发展基金会章程》(简称《章程》)优化内部治理结构，形成了理事会严格决策、秘书处高效执行、监事监督的运行机制。

（一）理事会全面履行职责使命

基金会理事会主要行使下列职权：①制定、修改章程；②选举、罢免理事长、副理事长、秘书长；③决定重大业务活动计划，包括资金的募集、管理和使用计划；④年度收支预算及决算审定；⑤制定内部管理制度；⑥决定设立办事机构、分支机构、代表机构；⑦决定由秘书长提名的副秘书长和各机构主要负责人的聘任；⑧听取、审议秘书长的工作报告，检查秘书长的工作；⑨决定基金会的分立、合并或终止；⑩决定其他重大事项。基金会分别于 2016 年、2021 年两次进行理事会换届，依规履行相应报备和法人变更等程序，现有理事 9 人，包括理事长、副理事长、秘书长各 1人，无受薪理事，无现职国家工作人员兼任，理事无近亲属关系。为充分发挥中央美术学院（简称"中央美院"、"美院"或"央美"）特色优势，在总结理事会工作经验的基础上，本届理事会优化了理事构成。现任理事成员既包括在专业领域具有重要影响力的艺术家、长期从事高校基金会工作的专业人员，也包括学校主要部门负责人，可以从把握艺术发展规律、

推动专业管理、契合学校建设需求等方面出发，将本职工作优势转化为筹资优势。理事会每年至少召开 2 次理事会议，研究基金会重大捐赠和投资活动、《章程》和制度修订、换届改选等重要事项。基金会成立党支部，党支部书记按规列席历次理事会议，与监事一起履行监督职能，切实贯彻落实党对基金会组织和工作的全面领导。此外，为了规范理事会闭会期间的议事程序，建立理事长办公会制度，完善理事会闭会期间的决策治理机制，提高了决策效率。理事会发挥的显著作用集中体现在开展人事、项目等重大决策，加强内部管理，资金预算和投资理财，推动对外筹资等方面。理事成员积极建言献策、主动联络资源、争取社会捐赠，推动基金会建设发展。

（二）监事有效履行监督职责

按照《章程》规定，北京中央美术学院教育发展基金会设监事 2 人。监事任期与理事任期相同，期满可以连任。监事的权利和义务为：监事依照《章程》规定的程序检查基金会财务和会计资料，监督理事会遵守法律和《章程》的情况；监事列席理事会议，有权向理事会提出质询和建议，并应当向登记管理机关、业务主管单位以及税务、会计主管部门反映情况；监事应当遵守有关法律法规和《章程》，忠实履行职责。现任监事 2 人，于 2021 年 6 月理事会换届改选时上任，分别为中央美术学院审计处处长和纪委办公室主任。监事产生程序符合要求，为挂靠单位中央美术学院委派，并经业务主管单位和登记管理机关审批备案，于理事会换届大会正式公布。历届监事均不从基金会领取报酬，监事参与捐赠合同审批，监督捐赠资金来源和合法性，监事履职期间按时列席历次理事会议，听取基金会重大事项报告和财务报告，每年审核基金会年度工作报告，监督基金会重大事项决策和日常工作执行，在监事有效监督下，基金会严格按照法律法规和《章程》运行，内部管理规范，资金使用安全。

（三）秘书处开展专业化管理

秘书处在理事会领导下，独立开展工作，落实理事会决策事项，完成理事会议筹备、重大事项审批报备、上级部门交办各项任务以及基金会内部制度修订、捐赠联络、项目管理等。基金会秘书处下设资源拓展部、项目管理部、法律事务部、校友工作部、财务部。有专职工作人员6人、兼职工作人员1人（出纳），团队既有熟悉高校工作的人员，也有基金会管理专业人员，还有艺术专业设计和对外宣传人员，分工负责日常办公、项目、宣传、外联、财务等工作，实现了按需设岗、人岗匹配。秘书长具备较高政治素养和专业能力，自基金会成立至今，全程参与基金会工作，开展专业化、规范化管理。副秘书长为公益组织管理专业硕士，具有高校基金会十年以上从业经验。秘书处下设基金会办公室，落实理事会决策事项，负责基金会常规工作，主要包括完成理事会议筹备、重大事项审批报备、上级部门交办各项任务以及基金会工作报告、重点筹资方案制定以及内部制度修订、捐赠联络、项目管理等。定向招募筹资、宣传、项目管理、财务专业人员。建立了上百人的志愿者队伍和数据库，在基金会和院系两个层级，按需分层招募和管理志愿者，注重加强志愿者队伍建设和培育，保障志愿者队伍充分满足组织发展和项目实施的人员需求，为基金会各项工作和活动开展提供了重要的帮助和支持，志愿者队伍已经成为基金会公益服务梯队中不可或缺的后备力量。同时，基金会注重对于志愿者队伍的管理和激励，从制度层面建立并切实实施基金会《志愿者管理制度》及《志愿者激励办法》等制度体系，保障志愿者工作的规范管理和有效激励；从筹资管理、活动管理等各方面对志愿者进行专业教育和岗前培训，保证志愿者人岗相适，不断提高志愿者的综合素质和能力水平，使志愿者从志愿服务中有所收获，实现志愿服务和学习提升双赢；通过选拔优秀志愿者作为学生科研助理及其他荣誉激励措施。志愿者认可基金会工作价值和氛围，已成为基金会工作的重要支撑力量。

（四）注重学习提升管理能力和水平

基金会制定并执行薪资管理相关制度，人员聘用条件符合基金会发展需要、聘用程序合理，落实各项薪酬和社会保险政策，并通过绩效工资等管理激励措施调动工作人员积极性。工作团队积极向上，成绩突出，在学校年度绩效考评中多次获得优秀，秘书长曾获高校基金会先进工作者、优秀共产党员。特别是近五年来，随着基金会和校友会业务工作的拓展，对工作人员的素质要求也越来越高。为此基金会在学校的支持下，定向招募项目、宣传、外联等专业人员 4 人。同时，在工作中注重加强工作人员能力提升，积极安排团队成员参加教育部、财政部、民政系统组织的各类会议培训，组织团队成员以各种形式加强与各高校交流经验，开展团队内部技能提升培训活动等。尤其是坚持学以致用、学用相长，多给年轻人派任务、压担子，让他们独立承担校友活动策划和筹备、捐赠项目跟进和维护、理事会筹建和工作推进以及部门宣传工作等，让他们在工作实践中提高能力。同时，开展基金会筹资和党建工作专项课题研究，为提升团队专业素养、更好开展基金会工作乃至发挥影响力推动行业发展提供有益借鉴。

三、中央美术学院对外筹资工作运行机制

为了更好地发挥基金会服务学校教育事业和国家美术事业发展的重要作用，自成立以来，基金会围绕拓展筹资渠道和资源、优化项目资助体系做出了积极的探索和尝试，取得了良好效果。基金会自 2012—2021 年共接受捐赠、投资及利息收益、申请获批的配比资金总收入达 30972.5 万元，为建设世界一流美术院校、搭建艺术服务社会桥梁提供了重要支撑。

（一）探索建立"金字塔"形分级筹资体系

理事会按照大、中、小三个量级统筹规划基金会筹资项目体系。重点推动千万级以上面向学校重点发展领域的大额捐赠项目，如天鸿集团捐赠3000万元支持美术馆基础建设项目、新奥公益慈善基金会捐赠1000万元支持智识教育建设项目、优锘科技拟分五期共捐赠1500万元支持科技艺术研究院科研项目等，发挥重大项目促进学校建设、学科发展，提高学校综合实力和社会影响力的示范引领价值；大力推动百万级以上支持学校教学科研、学科发展、人才培养、师资队伍建设的中型捐赠项目，如大都集团首期捐赠500万元支持丝绸之路艺术研究与交流及主题性美术创作项目、墨德集团首期捐赠400万元支持设立中央美术学院"徐悲鸿奖"项目、靳尚谊先生和中华艺文基金会已共同捐赠230万元支持"靳尚谊青年教师创作奖"项目、昆明冠江集团拟共捐赠250万元支持讲席教授项目、广东省和的慈善基金会捐赠200余万元支持人才奖励及展览项目等，发挥这类捐赠项目数量多、分布领域广的优势，在助力学校"双一流"建设中发挥重要作用；全力做好百万以下支持学生奖助、校园文化建设、社会公益及其他资助方向的小额捐赠项目，这类捐赠项目虽然单笔捐赠金额不高，但是占总捐赠项目体量最多，通过规范项目组织和管理，巩固发展成为持续性捐赠项目，对保障基金会筹资规模稳定发展具有重要作用。

（二）探索健全筹资激励体系

在激励学校内部筹资工作方面，设立学校奖教金制度，每年表彰为学校事业发展，特别是为学校筹资工作做出突出贡献的教职员工，自2017年至今已经连续评选5年共17人获奖，通过这项措施激发广大教职员工筹款积极性，引导院系积极为学校筹集社会捐赠；实施并不断完善校内捐赠配比政策，2017年至今共向学校各院系部门下达捐赠配比资金总额2300余万元，2020 年修订捐赠配比相关内容，进一步明确捐赠配比资金的管理和使用，通过捐赠配比制度鼓励各单位和个人积极开展筹款工作；在激励社会各界捐赠方面，根据国家和学校要求及时制定及修订捐赠冠名和捐赠鸣谢办法，向支持学校发展的捐赠方致以谢意，鼓励社会各界慷慨捐赠；通过举办捐赠仪式、大力宣传捐赠事迹等多种形式鸣谢回馈捐赠方，加强与捐赠方的合作互动，建立长期稳定的捐赠互动关系；积极吸纳具有较强社会影响力和对基金会筹资工作做出突出贡献的成员加入基金会理事会和学校理事会，授予荣誉头衔、参与学校发展决策，调动理事会成员及单位支持学校建设发展的积极性。

（三）探索创新筹资渠道方式多渠道争取资金

理事会在推动学校各院系、部门发挥自身优势吸引社会捐赠的基础上，积极探索创新筹款项目，在筹款方式上做出积极尝试，探索通过网络筹款等新型渠道开展筹款活动。2017 年，发起设立"央美百年我捐百元""校友林""北区礼堂座椅认捐"等小额捐赠项目，以百年校庆为契机，以特色项目为平台，更好地发动校友群体捐赠回馈母校的热情和意识，为校友回馈母校搭建桥梁和载体。根据国家相关政策要求和支持，不断规范化小额筹款途径和方式，2019 年，基金会在中国青年创业就业基金会"创青春·高校青年发展专项"公募平台的支持下，开展美术馆公益项目众筹活动，所募集资金专项用于支持和促进中央美术学院美术馆各项展览、学术活动和青年艺术人才发展，推动将美术馆的学术成果惠及大众，普及、扩大美术馆的社会影响力。2021 年探索设立学生奖助众筹项目等，发挥校友和社会力量，缓解家庭经济困难学生的压力，奖励优秀学子，助力学生成长成才。此外，重视并积极争取国家捐赠配比资金，每年按时组织完成年度捐赠配比专项资金项目申报和捐赠配比项目资金核查工作，全力做好资金保值增值工作，更大地发挥捐赠资金的价值，为多渠道补充学校办学经费做出积极尝试。

（四）与挂靠单位协同做好捐赠管理工作

在制度层面，基金会与中央美术学院合力构建长效工作机制，共同研究制定《中央美术学院捐赠经费管理办法（试行）》《中央美术学院校内捐赠配比经费管理办法》《中央美术学院捐赠冠名管理暂行办法》《中央美术学院接收社会捐赠鸣谢办法（试行）》《中央美术学院接受境外捐赠资金管理办法》等管理制度。通过制度建设，进一步规范学校和基金会接受捐赠行为，特别是规范重大捐赠项目和捐赠资金的决策程序，积极推动基金会与学校各部门之间建立顺畅、高效的沟通协调机制，简化并优化捐赠项目审批、立项及支出手续，明确并加强不同类型捐赠项目的财务监管程序，推动完成将科研类捐赠经费支出口径与学校自主科研经费支出口径并轨，进一步提高捐赠资金使用效率，激励学校各院系部门和广大教职员工参与筹资工作的积极性。在执行层面，基金会与学校合力构建并不断完善"捐赠审批—立项审批—财务管理—中期监督与反馈—结项总结"的项目运行管理机制。所有捐赠款项均纳入基金会账户进行统一管理，严格按照基金会财务管理制度支出和使用，按照捐赠协议约定需捐赠至学校使用的公益资金，依次经相关受益部门及其分管校领导、基金会秘书处、学校分管财务校领导、学校财务部门审批履行立项程序，由学校财务部门和基金会协同做好这部分资金的收支和监管工作，接受学校组织的各类审计和监督以及基金会开展的年度捐赠项目抽查工作，基金会随时监控该部分捐赠资金的使用进展，确保捐赠经费科学、规范、合理使用。

第四章　高校对外筹资项目的管理与实施

　　北京中央美术学院教育发展基金会注重不断优化项目资助体系，项目内容已涵盖学校教学科研、学科发展、人才培育、校园文化建设、师资队伍建设及能力提升、基础设施建设及办学条件改善、文化传承创新及社会服务等多个方面。基金会注重以项目理念、目标使命等为核心打造精品公益项目。首先，捐赠项目要与基金会使命定位相一致，与美院的战略发展方向相契合，通过公益项目为美院建设世界一流美术院校做出积极贡献。公益项目设立时最重要的考虑因素是必须彰显专业特殊优势，依靠艺术家主体力量、依托美院的艺术资源，符合公益项目运行规律，可操作性、可持续性、可塑性都比较强；其次，捐赠项目必须发挥示范引领价值，项目要以解决社会问题为切入口、具有多方面的社会意义，鼓励开拓新艺术领域，具有较高艺术水准；再次，在项目管理和运作技术方面，不断完善流程，规范化、专业化发展。通过项目设计，项目公益性、合法性审核，对外筹资并签署捐赠协议，立项审批、组织实施及资金管理，项目年度进展、结项及反馈公示等各流程，进行全链条闭合管理。基金会将捐赠项目进行分类精细化运行管理。针对奖助类项目，以公平、公正为原则，以提高公信力为核心，依据捐赠协议，通过制定具体奖助管理办法，发挥学校职能部门管理优势，组织开展专业评选，及时公开奖助结果，全程监督，让捐赠人、受奖者、覆盖对象普遍认可；针对科研类捐赠项目，以学术价值和科研成果为导向，以支撑学校双一流建设和学院学科发展为核心，重点发挥学科带头人的突出作用，保证项目执行、资金管理符合捐赠要求；针对支持学校建设及其他非限定性用途项目，基金会发挥好理事会和监事的作用，重大事项由理事会决策，确保最大化发挥捐赠资金价值；针对社会公益类项目，突出专业性和社会价值，由基金会根据国家需要和社会需求做好项目筛选，由专业团队负责策划执行。

一、支持学科建设项目

学科建设是高等学校发展的基础性建设。基金会成立至今，不断扩大社会交流与合作，多渠道拓展和汇聚资源，设立面向各学科发展的社会捐赠项目。这些项目对服务学校"双一流"学科建设和国家重点支持领域的建设发展，具有重要意义。

（一）国礼艺术科研项目

2021年，中植企业集团向我校捐赠设立资助项目，用于支持中央美术学院国礼艺术中心科研工作的开展，未来中心将在这个高起点的平台上继续开展国礼创作与研究，向全世界弘扬中国优秀传统文化。

（二）数字可视研究室科研项目

自2021年起，北京优锘科技有限公司将连续五年捐赠支持中央美术学院科技艺术研究院数字可视研究室相关科研工作的开展，探讨构建数字可视未来发展之路，推动中央美术学院数字化、智慧化领域研究及数字美学人才培养等工作更好开展。

（三）美术馆智识教育项目

2018年至2019年，新奥公益慈善基金会向我校捐赠设立公益项目，用于支持中央美术学院美术馆的智识教育学术建设、机构建设、纪录片拍摄专项活动，该项目是"美术馆应该用智识服务社会"这一创新理念的首次实践。

（四）丝绸之路艺术研究交流与主题性美术创作项目

2018年，大都文化传播有限公司捐赠支持中央美术学院丝绸之路艺术研究交流与主题性美术创作等项目，发挥中央美术学院艺术特色和资源优势，服务国家"一带一路"倡议。

二、支持人才培养项目

基金会在设立各类资助项目时，尤为重视社会资金与学校人才培养的有机结合，通过争取社会捐赠资金设立学生奖励、资助项目，进一步完善了学校的奖助体系，在资助家庭经济困难学生、鼓励优秀学生成长成才方面做出了重要贡献。这些捐赠项目，一方面培养和提高学生的各项能力，丰富学生校园文化生活；另一方面也在潜移默化地提升着学生的捐赠意识，活跃着校园慈善文化氛围。

（一）以姓名冠名的奖助学金

基金会已陆续接受捐赠设立了"曾竹韶雕塑艺术奖学金""潘绍棠雕塑艺术奖学金""罗工柳青年创作奖""王式廓吴咸奖学金""宗其香奖学金""王琦奖学金""唐勇力奖学金""叶浅予奖学金""潘世勋生活速写奖学金""宋步云油画奖学金"等奖助学类项目，充分体现了先生们对学生艺术创作的关注和支持，对学校教育事业和国家美术事业发展做出的积极努力和重要贡献。

（二）中央美术学院未来艺术家奖

广东省和的慈善基金会·和艺术基金于 2020 年捐赠支持"中央美术学院未来艺术家奖项"及"21 世纪全球新媒体艺术研究展览系列"项目。奖项面向学校本硕博应届或往届毕业学生开展评选，资助其次年创作及布展费用，这是一个以培养成熟艺术家为目的的孵化池，为青年艺术家群体注入新的生命力。资助项目亦关注拓展并丰富艺术跨学科交流与理论研究的新理念。

（三）宝甄艺术生活创新奖

该奖项由北京宝甄文化科技有限公司于 2015 年捐赠设立，旨在为即将走出校门的青年艺术家搭建平台、集结资源和提供动力，奖励在审美普及、艺术传播、艺术品经济和艺术创作等方面有突出表现的应届优秀毕业生，为学生创业、就业实践提供支持。奖项已经资助五届共 100 余位优秀获奖者。

（四）李尚大奖学金

自 2015 年起，李尚大慈善基金有限公司将连续十年捐资设立"李尚大奖学金"。奖学金设立两个奖项：在校生优秀作业奖、李尚大写生优秀作品奖。奖项旨在更好地资助中央美术学院中国画学院优秀学生，鼓励青年艺术家奋发向上、崇尚艺术、勇于创新，为社会培养更多德才兼备、全面发展的艺术人才。

（五）大学生竞赛公益项目

自 2017 年至 2020 年，华为技术有限公司三次捐赠支持中央美术学院开展大学生竞赛公益项目，通过组织最美中国摄影比赛、读书笔记写绘大赛、69% 环保设计联合行动、策展人大赛等校园活动比赛，提升学生综合能力，在校园内弘扬正能量。

（六）BIAD——学生培养项目

北京市建筑设计研究院有限公司自 2016 年起捐赠支持中央美术学院建筑学院开展丰富多彩的校园文化活动，并通过捐赠方资深人士作为导师开展讲座以及吸收学生到企业实践等形式，实现校企联合培养，切实提升学生的实践能力和职业素养，并于该公司成立中央美术学院就业实践基地，为学生学成就业打下坚实基础。

（七）黄苗子、郁风助学金

自 2009 年起，黄苗子、郁风慈善基金会在中央美术学院持续设立"黄苗子、郁风助学金"，用于帮助家庭经济困难的学生顺利完成学业，鼓励他们积极进取，拓宽视野，提高综合素养。

（八）千里行奖学金

2016 年，青岛千里行集团有限公司向中央美术学院捐赠设立留本资金项目"千里行奖学金"。"千里行奖学金"是首次面向全体应届毕业生设立的学术奖项，用于表彰在专业艺术领域具有较高学术性、开拓性和创新性的优秀毕业生。

三、支持教师能力建设项目

在百年发展历程中，中央美术学院涌现出了一大批德艺双馨的名师名家。以"徐悲鸿奖"、"靳尚谊青年教师创作奖"及相关讲席教授引进、教师专著出版等为代表的捐赠项目，服务一流师资队伍建设，对进一步提升学校的师资力量、激励教师成为优秀艺术家和教育家、发挥中央美术学院在美术事业和美术教育事业中的引领和示范作用，具有重要推动意义。

（一）中央美术学院"徐悲鸿奖"

该奖项于中央美术学院建校 100 周年之际设立，旨在发挥奖项的重大导向和激励作用，更好地践行习近平总书记重要回信精神，奖励在教育教学、艺术创作、学术研究、服务社会中做出突出贡献的老师。奖项设立"教育教学奖""艺术创作奖""学术研究奖""服务社会奖"四个奖项，每两年评选一届，首届奖励资金由北京墨德资本投资管理有限公司捐赠支持。

（二）靳尚谊青年教师创作奖及展览活动

该奖项由中央美术学院教授、原院长靳尚谊先生于 2019 年捐赠发起，中华艺文基金会共同出资支持，旨在激励青年教师积极参与国家重大题材艺术创作，打造精品力作，促进青年教师专业能力提升，助推学校一流师资队伍建设。奖项于 2019 年至 2021 年已经连续举办三届，并为 8 位获奖教师举办了交流展览。

（三）昆明冠江集团捐赠项目

自 2019 年起，昆明冠江集团有限公司将连续五年捐赠支持中央美术学院国家艺术与文化政策研究所讲席教授的引进与聘任，以及相关教学活动的开展。

四、支持开展学校建设发展和校园文化活动

学院的建设事关学校发展全局，校园硬件设施更是学生学习、生活的重要基础保障。捐赠资金的注入为学校改善办学条件提供了有力支撑，也

为活跃校园公益文化氛围奠定了根基。

（一）美术馆建筑改造项目

2018 年，北京天鸿置业有限公司向中央美术学院捐赠人民币 3000 万元，用于支持中央美术学院美术馆建筑改造项目。

（二）青岛海洋科技投资发展集团捐赠

2015 年，青岛海洋科技投资发展集团有限公司向中央美术学院捐赠人民币 5000 万元，用于支持中央美术学院建设发展。

（三）中央美术学院建设发展项目

自 2018 年起，招商银行股份有限公司北京分行连续十年在中央美术学院设立捐赠项目，用于支持中央美术学院建设和发展。

五、支持社会公益项目

基金会作为连接学校与社会各界的桥梁纽带，其社会作用已不仅仅是筹资募捐，更是搭建高校与社会交流的平台，通过社会捐赠项目的带动，实现高校学术科研能力向社会服务转化，发挥中国最高美术学府和顶尖美术人才的号召力和艺术影响力，提升当代艺术社会认知度和大众审美能力。

（一）全国儿童美术书法作品大赛项目

该项目由中央美术学院与山东鲁信集团联合发起、山东省鲁信公益基金会及社会爱心企业捐赠出资支持，自 2019 年至 2021 年已经连续举办三届。项目旨在践行"大众美育、服务社会"的宗旨，发挥中央美术学院的优势资源，大力推动儿童美育建设。

（二）滑田友雕塑艺术奖全国青年雕塑展项目

该项目由北京荣丰投资有限公司于 2020 年捐赠设立，支持举办"滑田友雕塑艺术奖全国青年雕塑展"的学术展览活动。这是一个面向全国美术院校雕塑专业青年学子及社会雕塑青年从业人员设立的雕塑艺术专业奖项。

（三）未来媒体学院奖

该奖项由北京澜景科技有限公司于 2021 年捐赠设立，将连续六年捐赠支持高等院校在研究生教育领域深化"未来媒体"方向的实践和研究，旨在通过奖项鼓励和扶持具有创意思维和前瞻性创作能力，对创新型媒体艺术作品的产业化进程有执着追求、创作精神的青年创作者，助力优秀创作人才更好呈现和传播作品，搭建展示其才华、提升创作力的国际交流平台。

（四）学生作品慈善拍卖活动

2019 年，基金会联合学校团委共同支持开展学生作品慈善拍卖活动，拍卖所得用于支持云南剑川贫困地区教育文化事业发展。

第五章　高校归属感和对外联络机制

高校既是一个生活学习的空间，更是一个滋养精神的高地。校友、教师以及具体参与对外筹资工作的人员，其对高校的归属感、认同感都是高校对外筹资的基础。特别是对于校友而言，他们与学校的机缘，在学校生活的点点滴滴，尤其是那些时常想起的同学同伴，那些时刻激励自己的大师前辈，是每个在中央美术学院学习生活过的人无法泯灭的记忆，更是激励他们持续关注、支持学校建设发展最大的动力。回顾总结他们与学校相遇、共融的过程，可以为更好开展对外筹资工作提供重要启示。此外，如何进一步完善学校内部治理结构，推进中国特色现代大学制度建设，加强学校和社会的联系、合作，也是高校充分挖掘社会各界力量支持学校事业发展的一项重要工作和举措。

一、中央美术学院对外联络平台建设

（一）充分拓展建立校友分支体系，凝聚校友力量推动美术事业发展

中央美术学院作为国家高端艺术人才培养的摇篮，在百余年发展历程中为国家乃至世界培养了一大批优秀艺术人才，他们是学院对外形象宣传

的最直接名片，是活跃在各地促进地方美育事业和国家美术事业发展的中流砥柱。学校高度重视校友工作，把校友群体作为学校建设发展的重要力量，关心校友发展，支持校友艺术创作和能力提升。一是不断健全校友联络平台建设。一方面，通过校友联络平台加强校友与母校之间、校友之间的联系和交流，使母校及时了解和支持校友的发展需求，促进校友群体专业能力提升；另一方面，校友作为学校与社会各界进行全方位交流的主体和名片，在不同岗位用不同方式关注母校、传播母校的重要活动信息，同时争取更多的社会资源支持学校建设，这是提升学校社会影响力、促进学校发展的重要渠道和方式，将最终转换为学校办学优势、发展优势。截至2021年，中央美术学院先后在全国13个省市成立了校友联络处，积极搭建覆盖全国的校友工作网络，依托各地校友联络机构开展一系列校友交流、作品展览、校友座谈、联谊等丰富多彩的校友活动，以及出版校友回忆录等，进一步加强了与海内外校友的联络。

二是不断探索创新校友服务形式和内容。中央美术学院于2017年正式发行"招商银行—中央美术学院校友卡"，该卡涵盖信用消费、学校门禁、美术馆参观、图书借阅、捐资母校等多项功能，为校友随时返校提供便利，学院也通过发放校友卡，进一步推动和完善校友信息数据库建设，通过数据库能更精准地为校友提供服务；探索设立面向校友的小额捐赠项目，畅通校友反哺母校的渠道，为校友表达对母校殷切祝福、参与学校发展建设提供了机会；于2018年百年校庆之际组织"校友欢聚日"活动，当天6000多名校友返校共同为母校庆生，一起游览校园、参加座谈会、参观新落成的校史馆和本科生毕业成果展，让校友切身感受母校发展成就，凝聚校友感情；连续四年于毕业季期间，策划组织"毕业即校友"毕业生专题访谈、推介活动，并设计制作毕业生专属纪念品，注重公益理念培育、校园公益氛围熏陶，为校友捐赠厚筑根基。

三是注重与校友互动交流的常规机制建设。每年坚持编辑校友通信录，定期通过微信公众号、校友会官方网站推送学校及校友发展动态，通过这些工作凝心聚力，拉近距离，提升校友群体对母校的归属感和荣誉感。

（二）成立学校理事会，搭建学校与社会建立长期紧密共赢合作关系的新平台

2019 年 6 月，中央美术学院正式成立理事会。按照教育部理事会规程的规定，结合学校实际，首届理事会遴选理事成员 36 人，涵盖学校领导、相关职能部门负责人、学术委员会负责人、教师、学生代表、杰出校友、社会知名人士、国内外知名专家、有关行业组织、企事业单位代表等在内的各方面代表。

高校理事会是支持学校发展的咨询、协商、审议与监督机构，是高校实施科学决策、民主监督、社会参与的重要平台。理事会成立后，学校注重健全与理事成员之间的协商、合作机制，为理事会及成员了解和参与学校相关事务提供保障条件和工作便利，注重在密切联系社会、扩大决策民主、争取社会支持、完善监督机制等各方面发挥理事会的积极作用。定期与学校理事单位、理事联络交流，与相关方建立长效合作机制；与理事成员建立良性互动，有针对性地就学校发展的重要规划和重大事项在决策前充分听取各方意见；丰富社会参与和支持学校办学的途径方式，就学校重点筹资项目与理事成员交换意见，寻找合作机会，不断提升社会责任意识，更好发挥理事会团结各方力量、广纳精英智慧、争取社会支持的平台作用，切实发挥理事会审议参与学校办学定位、战略规划、重大决策等重要事项的职能，通过人才培养、学术合作、协同创新等举措，监督评议办学质量，推进中国特色现代大学制度建设。

二、校友访谈案例

我们组织了对中央美术学院校友、捐赠人、理事、专业教师和行政管

理人员的深入访谈，访谈内容包括其求学经历、职业发展经历、对学生学习就业的建议、对学院建设发展的期待以及最想分享的经历等五大类问题。通过校友们描述自己眼中的母校，讲述自己与母校的故事，回忆走向艺术之路的历程，畅谈对公益精神的看法。我们更多地关注他们对母校的深厚感情，根植于其对这所中国最高美术学府"尽精微、致广大"校训精神的高度认同和自豪，对一代代艺术大师创造艺术经典、桃李满天下的感念和追随，以及随着时间推移和个人阅历增长，他们希望用自己的艺术创造来服务国家、奉献人民，合力推动中央美术学院的美术教育事业、推动国家美术事业向前发展的期冀和行动。

他们有的表示，在美院学习收获非常大，改变了以往对绘画的很多看法，加深了对世界艺术文化的了解，扩宽了艺术的眼界。有的表示，深情回忆在美院学习的经历，美院像一个家庭一样，感到美院人骨子里有一股傲气，不张扬，有抱负、有原则，这种学术态度非常令人自豪！有的表示，来美院的原因，一个是想继续做创作，一个是被美院的学术传统吸引，美院培养了如此多新中国的优秀艺术人才，这是一个圣地，应该来此工作，奉献自己的智慧，贡献自己的力量。有的表示，美院大师云集，创作出了一批壮阔恢宏的丹青画卷。美院学科建设完备，是唯一的一个拥有美术和设计两个双一流学科的艺术院校。美院既厚植传统，同时也具有国际视野。美院一直有一种为中华民族伟大复兴而创作的使命和担当，这种使命和担当深入每一位学生和老师的内心。有的认为，学校最需要给予学生的是指导和熏陶，要有一个非常好的学术环境，提高学生的眼界，希望老师有非常出色的专业能力，善于指导学生的慈善精神。有的认为，慈善和公益不能仅仅是款物的捐赠，要培养公益精神，更重要的是一定要有实质性的付出和劳动，支持学生参与一些力所能及的公益活动，只有参与到公益活动之中，才能体会到奉献的快乐和人性的成长，才能培养个人的使命感和责任感，让学生收获更多成长的价值。有的认为，校友是我们最大的资源，希望学校能够团结这些校友，给校友强烈的回家的归属感，这些知名的校友本身就是学校理事会、基金会发展的核心资源。

以上这些真挚的语言是校友们对美院认同感、归属感的最直接表达，为揭示和认识高校筹资工作的内在动力提供了重要启迪。我们摘录分享部分访谈内容，一并感谢一直在默默关注支持中央美术学院建设发展的校友和社会各界同仁！

访谈案例一

访谈对象：唐勇力（原基金会理事、捐赠方、教师、校友）

问：了解到您的求学经历十分丰富，先后在河北师范大学美术系、天津美术学院、中央美术学院、中国美术学院学习过。您1982年进入中央美术学院国画系进修班学习，这其中有什么机缘或者情结吗？

答：我在这四个学校的求学过程中，遇到了不同的老师、不同的学术环境，这对我个人成长来讲是非常好的。1974年我在河北师范大学美术系读本科，因为当时成绩突出，毕业之后就留在学校里当教师。学校对我比较重视，1979年就把我送到了天津美术学院的一个青年教师学习班，我和天津美术学院毕业留校的青年教师们一起进行绘画基本功的训练，学习培训了一年的时间。1982年，中央美术学院的所有专业都开设了进修班，大面积地向全国招生。我在得知招生的消息之后就报名了，并把自己的绘画作品和资料寄到央美，马上就收到了准考证，这个机缘对我来讲特别重要。央美进修班的质量非常高，学术性也很强，学生们都是通过严格的考试才录取的。我记得当时有70个人参加国画系进修班的考试，最后就录取了16个人，这些同学都是来自全国各地的高等院校，大家的基本功和艺术基础也非常扎实。

问：您在中央美术学院求学的时光中，是否有印象深刻的故事或者回忆？比如说您和同窗校友之间有趣的经历，以及您最感念的老师。

答：在央美进修班学习的两年里收获非常大，也改变了我以往对绘画的很多看法，包括在传统方面、创新方面，以及对世界艺术文化的了解，这拓宽了我艺术的眼界。对我这样一个当时刚 30 岁出头的青年教师来说，中央美术学院的学术是非常值得敬仰的。央美也是特别重视国画系的，当时的系主任是叶浅予先生。叶浅予先生对我们特别关心并且要求非常严格。他把课程安排得很紧密，包括临摹、写生、创作的课程，这也是央美一贯的三位一体的教学体系。有很多老先生都给我们上过课，比如刘凌沧先生、黄均先生，他们都会十分耐心地指导我们。给我们带班上课的主要就是卢沉先生和周思聪先生。我对卢沉先生和周思聪先生的学术成绩也非常敬佩，周思聪先生的一些作品对我影响非常大，每次交流的时候她都会给我们看她的作品，包括人体速写、在外面写生的画稿。我们都争相过去，并且坐在一起讨论，记得我还提出过怎样画好眼睛的问题。1982 年到 1984 年，我们是在王府井的帅府园里上学的，也就是老美院，那里的学术氛围非常浓厚。学生和老师都住在校园里，也就一墙之隔，所以我们和老师的接触很紧密，老师晚上会到教室里来和学生在一起聊天，有时我们也会到老师家里去，这些老先生的学风给我们留下了深刻的印象，他们对学生的教育是无私且毫无保留的，他们"以大爱之心育莘莘学子"的榜样传至今天。

整个学校的学术气氛特别活跃，几乎每个星期都要举办一到两次学术讲座，邀请的人基本都是在全国很有学术成就的专家，由他们给我们讲课或者做示范。比如西安的刘文西、浙江的方增先、广州的杨之光等，都开阔了我们的眼界。而且有时候办讲座，一听到是从国外考察回来介绍西方艺术的专家，我们也都会踊跃参加，提前一个小时进入讲座场地占座位，人都是坐得满满的，门外也都站满了人。

20 世纪 80 年代改革开放以后，是各个方面都非常好的年代。这两年的学习当中我受到卢沉老师的影响非常大，对于传统的认识，对于线的认识，对于笔墨的认识，对于西方艺术和中国画相互融合观念的认识等思想也得到了升华，尤其是对艺术创新的意识逐渐增强，会动足了脑筋来研究一些形式上、技法上、表现语言以及造型上的创新，比如夸张变形或者深入刻画等。1982 年我也画了很多写生，后来还出了一本画册。不管是在课堂写生还是在创作上，我们进修班的所有学员都下足了功夫，而且那个时候我们和国画系的本科生接触也非常多。国画系当时的本科生人数很少，就两个班。他们的学生也就比我们小几岁，经常到教室看我们画画。我还记得在老美院，体育老师每天六点半把我们所有进修生和本科生叫醒，我们都要到大院里面排队做 20 分钟的早操，之后开始洗漱、吃饭，每天如此。这种集体生活的气氛非常浓厚。虽然现在回忆起来已经是 40 年前的事情了，但当时生活的情景好像就在昨天。那个时候我们吃饭也很有意思，平时是三顿饭，而礼拜天是两顿饭，早晨九点钟一顿，下午四点钟一顿。美院全校的师生都在一个小食堂里吃饭，也就 200 多人。每天吃饭的时候都很热闹，大家聊得也特别开心。吃完饭我们都会到其他专业的教室里去串门儿，看一看别人的练习，交流交流，就像是一个学术大家庭，非常融洽。有的时候还要到街上去看看电影，生活非常好玩，跟现在的学校生活大相径庭。老美院很小，每个专业的地盘也不大。每天早晨到晚上都可以碰到很多朋友，和老师也会碰面。学校里有一个小展馆，只要一有什么展览，大家都会去看，看完以后也都会进行讨论，包括对于传统的认识，对于西方艺术的认识，要不要反传统，要不要中西融合等。总的来讲，这两年的小故事也挺多的，过年过节我们还会去老师家聚会，摆上茶点聊天，特别热闹。我记得油画系的学生特别喜欢看足球比赛，1982 年的世界杯，他们都挤在一个大房间里看足球赛。青年人很热血，支持的球队被淘汰了，会气得把房间里的椅子全部砸烂，那个时候的燃情岁月，现在回想起来也蛮有意思。

问：您的工作历程是怎样的？这其中是否有什么重要的节点或者转折点可以分享给大家？

答：我的工作历程也几经变化。首先是知识青年下乡，我在小学里任民办教师。之后我进入河北师范大学美术系，那时的考学经历和现在完全不一样。这其中前所未有的故事和经历如果细说的话，甚至可以拍一部那个时代的电影。在河北师范大学毕业以后，我就留校做老师了。当时70年代末，我教过的学生现在来看也都非常有成就，比如说现在已经退休的乔晓光，在中国文化遗产方面是大专家。在河北师范大学任教的11年期间，我有两次出去进修，天津美术学院一年，中央美术学院两年。因为河北师范大学是一个综合型的学校，所以它的艺术专业水平、学术的理念和视野都不大适合我的发展。于是我下定决心离开那里，准备去更好的地方深造。当时我有两个选择，一个是西安美术学院，一个是浙江美术学院。因为我一直对唐代文化很崇拜，大唐都城所在地西安就有很深厚的历史文化积淀，所以西安美术学院就是我当时的一个选择。此外，当时的浙江美术学院（后为中国美术学院，简称"浙美"）的中国画教学又是全国最好的。那会儿有个说法就是：央美的油画系是最好的，是"油老大"，浙美的国画系是最好的，是"国老大"。于是在1984年，我赶上了国内第一批研究生的正式考试。那时候招收研究生的考试方法一直延续到了现在，政治和外语是由国家出题，统一的全国考试，专业考试由各个院校自行出题。因为考试时间点重合，我最终只能参加一个学校的考试，我考试的这个过程特别有意思。在报名考试的时候，我把材料同时寄给了西安美术学院和浙江美术学院。在我寄出报名材料之后的十天左右，西安美术学院就把准考证发过来了，而浙江美术学院迟迟没给我寄准考证。我当时就在想："是不是因为浙江美术学院不喜欢我的画？那既然西安美术学院一下子就把准考证寄给了我，就说明西安美术学院还是挺欣赏我的。"所以我就决定去西安美术学院参加考试，并且安心复习英语、政治，训练专业。而当我把一切准备好，买好去西安的火车票时，浙美的准考证发来了。因为当时时间已经很晚了，我就决定不去浙江美术学院了，而是全力以赴地参加西安美术学院的考试。就当我准备出发去西安的前两天，我突然收到了浙江美术学院招生办的电报，电报在80年代是最着急时用的通信方法，电报内容是一句话：请速来参加考试。而我接到这个电报的时间也很奇怪，浙江美术学院给我发电报的时间是中午，而当天上午他们就已经开始考试了。我要从石家庄到杭州，最起码要一天一夜的时间。所以我想这个电报可能是误发的，也就没有在意。然而到了晚上八点多的时候，浙江美术学院招生办又给我发了个电报。我就很奇怪，怎么一天发两个电报让我去考试？但这连着两封电报，给我的冲击还是挺大的，让我也不知道如何是好了。

那时我已经35岁，也结婚了，我爱人是上海人，她是很支持我去考浙江美术学院的。又因为当时的通信十分不便利，也不能马上打电话询问浙美的招生办情况，所以我当晚根据两个学校的考试时间点，制订了一个计划：我先坐车去杭州，在途中如果得到不能让我参加补考的消息的话，我就马上返回石家庄再买票去西安，这样我去西安美术学院考试的时间也赶得上，但时间十分紧迫。于是我当晚先出发去往杭州，而我的爱人也守在电话边上，等待着给浙美的招生办打电话询问情况。到了第二天上午十点半左右，我到了中途的德州站，下车马上到邮局给家里打电话询问情况。我爱人就在电话机旁边等着我，她告诉我她已经和浙江美术学院的招生办打通电话了，招生办说，只要我人去参加考试，他们就给我一路绿灯，并给我重新办理所有的考试和一切手续。听到这个消息之后，我毅然决然上车继续往杭州赶路，一晚没睡觉。到了杭州，我人生地不熟，好不容易坐公交车到了浙美的南山校区，看门的老大爷跟我说我来得太晚了，考试已经考完了。正好一个招生办的年轻老师路过，一听我在问考试的事情，马上就意识到我是谁了。于是他把我带到了招生办主任的家里。当时招生办主任一家正在吃晚饭，看见我来了特别高兴，晚上为了避嫌（附近招待所里住了考完试的同学），还让我在他们家里住，和他儿子一个房间。第二天浙江美术学院的考生都陆续回家了，偌大的浙江美术学院的校园里就我一个人在进行专业补考。监考的老师可以进到考场里看我画画，不像现在的专业考试，考生和老师是需要完全回避的。我总共考了四天，面试的过程也非常顺利。当时大概有 13 个考生，最终就录取了我一个人，而且我还是后来补考的，这种情况放在现在肯定会让人感到很奇怪，现在研究生考试迟到 20 分钟就不能进考场了。

1985 年考上浙江美术学院的研究生对我来说一个很重要的转折点，不仅是工作历程的转折点，也是我人生的转折点。1988 年我留在浙江美术学院的国画系担任教师，连学习和工作总共待了 15 年。这是我的黄金时代，我也抓住了这段时间。大家都知道杭州是一个风景秀丽的城市，我在那 15 年里几乎没在杭州玩过。那段时间我基本上没有休息日，都是在勤奋努力的学习钻研中度过的。我的一些同学、朋友，甚至我的学生当时送了我一个外号，说我是个"画痴"，每天都在画室里画画。可以说一年 365 天我都是这样，就连大年三十的晚上，我的工作室也都是亮灯的。在这期间，我在学习上、事业上、艺术造诣上都打下了坚实的基础。比如说我在教学上提出了一些课题，其中比较重要的有两个，一个是线性素描，一个是工笔画的写意性。这两个观念直到现在都非常有学术意义。特别是线性素描，对我们国画系的基础教学的发展起到了重要的作用。因为在那个年代，国画系的造型基础教学主要是画黑白素描，也就是光影素描。但它是很不适合国画系造型基础的发展的，在训练中也产生了很多矛盾。我发现了这个问题之后，通过实践和理论上不断地论证，得出了线性素描的观念，这也让中国画教学的问题得到了比较完美的解决。我还提出了工笔画写意性的艺术概念，创造了敦煌之梦的系列作品，这在全国的影响还是比较广泛的。

2000 年，我调入中央美术学院，是作为"人才引进"而调动的，当时是靳尚谊先生任中央美术学院院长。我记得在调入中央美术学院之前，党委会审查我的材料的时候，党委委员都表示我这样的人才在全国也是非常难得的，所以调入的过程很顺利。我开始在国画系任教，到现在也已经 20 多年了，这算是我人生的第三个转折点。可以说我人生当中有三个转折点，第一个是上大学，第二个是考入浙江美术学院并留校，第三个就是调入央美工作。

问：您的作品《新中国的诞生》是 21 世纪以来重大历史题材的中国人物画作品最具题材代表性与艺术语言典型性的时代经典之作。中央美术学院的两代画家以不同的画种、叙述形式对同一母题展开创作，您的作品也形成了与董希文先生的作品跨世纪的对话，能否聊一聊《新中国的诞生》创作背后的故事以及您对"国家重大历史题材美术创作工程"的认识？

答：《新中国的诞生》应该是我在中央美术学院最重要的一个创作。这个创作起源于 2006 年，由财政部、中宣部和文化部三部门启动的重大历史题材创作工程。这个创作工程是由历史学家在 1840 年鸦片战争开始到中华人民共和国成立后改革开放期间的重大事件中，总结出 100 多个创作选题，最终向全国美术家协会、美术院校和美术专业创作单位发布，然后由美术家自由申报、参与选题进行创作的。这张画花了三年的时间创作，从 2006 年项目启动到 2009 年中华人民共和国成立 60 周年，完成并展览。我为何选择新中国的诞生这个选题，这其中也有一些小故事。

我原来的选题是关于唐山大地震的。我是唐山人，亲历了唐山大地震，我是从地震当中爬出来的幸运儿。当时我 25 岁，正好在地震的中心区，非常悲惨，地震造成了 20 多万人死亡，应该说是有史以来伤亡最惨重的自然灾害。我特别想画这个选题，也画了很多草图。在这 100 多个选题里面，只有新中国诞生这个题材是没人敢报的。为何无人敢报？因为我们中央美术学院的老教授董希文的《开国大典》太著名了，已经成为该题材的代表作。谁也不敢挑战这样的作品，更何况我们的老院长靳尚谊先生还曾经在会议上提过这样一个观念，说董希文先生把这个作品已经画绝了。那后来又是什么原因让我画了呢？因为组委会反复开会，认为新中国诞生这个题材是非常重要的，是一定要画的，而且必须要用中国画，用我们中华民族自己的艺术表现形式来表现。因此就对中国画的人物画家进行筛选，考察哪一个画家最适合画这幅作品，最终我被选中了。当时文化部艺术司的处长安远远（现任中国美术馆的副馆长）给我打电话，说经过组委会的研究，决定还是让我来画这幅作品。我接到这个电话后，其实第一反应还是拒绝的，我说我可画不了这个作品。但是过了一个星期，她又打来电话说组委会又开会了，认为还是要把这个任务交给我，而且我是最合适的人选，但是我依然没有接受。大概又过了十来天，我再一次接到了电话，说时间不能再等了，这个任务必须要落实，组委会重新讨论了一下，认为还是我合适。后来我也就接受了这份任务，却是心里完全没有底的一种接受。接受这个任务之后，我实际上是不知道怎么画的，因为没有画过这类重大题材的作品，也没有思想准备，没有创作经验，应该说对于新中国诞生这个主题的创作意识和创作想法完全是零。所以说接下这个任务，就是给自己一个极大的挑战。

首先我开始准备资料，调查各种各样的文字资料，阅读资料，寻找当时的历史背景，熟悉题材，同时也把董希文先生的作品进行反复比读。大概光收集资料、阅读资料就有半年多的时间。后来我在历史背景中得到一个非常重要的启发，使得《新中国的诞生》在董希文先生作品的基础上实现了一个突破——因为毛主席在开国大典上那句话是这样说的："中华人民共和国中央人民政府今天成立了！"新中国的诞生，是一个国家的诞生，更是一个政府的诞生。中央政府是由谁来组合的呢？是由以毛主席为核心的63个中央政府执行委员组成的中央人民政府。这一下就给我打开了一扇窗，既然是中央人民政府代表的中华人民共和国，那么我就应该把中央人民政府的 63 个委员全部画出来，这样才是一个完美的表达。而且我也查阅了历史资料，1949 年 10 月 1 日《人民日报》那一天的版面，有中央人民政府由政协会议选举出来的 63 个委员，其中主席 1 人，副主席 6 人，委员 56 人，一共 63 人。我的想法也就是把全体委员都画在天安门城楼上。这个灵感出现以后，我就开始寻找 63 个委员的资料。这非常难找，因为我们一定要找 1949 年前后的照片，那时的摄影技术不像现在这么高，照片都是黑白且很模糊的，而且并不是每一个政府委员都有很多照片。有些委员的照片非常少，适合绘画的照片就更少。所以找图片资料的时候费了很大的力气。我无数次去图书馆、档案室翻阅大量资料，终于找出了 63 个人的形象。而这 63 个人的形象都不是独立的形象，有的只能在合影里面找一些形象。在这样的资料基础上，我运用我在几十年教学过程中提出的线性素描方法，把这些模糊的照片转换成线性素描的肖像。

在观摩会上，我的草图引起了委员们的重视。他们认为这个草图跳出了董希文的构图框架，完全与之拉开了距离。我记得组委会的主任靳先生对我这幅草图也给予了肯定。构思完成之后，剩下的工作就是努力把它画好。在这里，我有一句话想送给从事各行各业，尤其是我们美术事业的人，"古之立大事者，不惟有超世之才，亦必有坚忍不拔之志"。这句话意思就是自古以来，凡是成大事的人，不光要有聪明才智，还得要有坚忍不拔的意志。我在画这幅画的时候，其实也就是体现了苏轼《晁错论》的这句话。《新中国的诞生》这幅作品，实际上我创作了两幅，2006 年到 2009 年创造了第一幅，这幅画在 2009 年中国美术馆"国家重大历史题材美术创作工程作品展"展览的时候，得到了非常高的评价，影响范围很广。后来，中国美术馆又单独给我提出来要再创作一幅，这一幅就是专门挂到中国国家博物馆中央大厅正中间。这幅作品后来画出来了，特别大，高 4.8 米，宽 17 米，是迄今为止国家博物馆收藏的最大的一幅中国画作品，恐怕在世界范围内都没有这么大的画。广西美术出版社也为这一幅作品出了一本大画册来记录创作历程。整个过程同样也是耗时三年，非常艰辛。《新中国的诞生》的创作对我个人的人生来讲是非常重要的。前前后后我用了将近十年的时间，有一句话叫十年磨一剑，在这十年当中，我画了两次《新中国的诞生》，把我的全部精力与艺术才能都投入到里面去了，对于意志的考验是非常大的。

问：对学生来讲，您觉得他们最需要学校给予什么？社会最需要学生练就什么技能？

答：我曾经也是学生，这一路过来从我的求学经历以及40多年的教学经验出发，我觉得学校最需要给予学生的是指导和熏陶。所谓指导和熏陶，就是要有一个非常好的学术环境，好的环境是特别重要的，可以提高学生的眼界。央美的学生毕业之后，他们的眼光、审美能力是不同于其他院校的。一个艺术家的成长过程中，最重要的是审美能力的提高，而美术学院能给学生提供的最主要的营养就是审美能力，学生再通过自己的勤奋努力，毕业以后一定是非常优秀的。学生还需要学校给予的就是好的老师。好的老师，不但业务好，而且人品也好，对于学生非常耐心地指导，能在各个方面给予关怀。关于第二个问题，社会上需要学生练就什么样的技能，其实只要满足上面提到的两个因素，我相信同学们的专业技能一定是非常好的。我想社会究竟需要学生练就什么技能，这没有固定的答案，都是可变的。相信你们也听说过"万小时定律"，我们在学校里本科学习四年，研究生学习三年，总共七年的时间，这远超过了一万小时。而这七年的时间基本都是专业训练的时间，我相信学生的专业技能是没有问题的，最需要提升的还是审美和修养。

问：您最想对现在的学生说什么？

答： 我最想说的就是珍惜生命、珍惜时间。我们的学生考入大学不容易，经过自己的努力拼搏，考入了国内最好的美术学院，你们本科学习只有四年。四年之后也不是每一个学生都能够考上研究生，就算考上研究生，也才七年的时间。那么这七年的时间在我们人生当中，也才是刚刚起步的时间。所以说珍惜时间，珍惜自己的生命，在这四年或七年的努力过程当中，要发挥你的聪明才智，要有善于学习的方法，多动脑筋，和老师同学多接触、多交流，和社会环境进行碰撞，而不是单纯地在教室里每天就只是画画。学习不是一个简单的过程，它是一个复合的过程。而且每天都要有一个简单的回忆，想想你这一天白过了没有。虽然这些话好像太励志了，但首先我就是很好地抓住了当时在浙江美术学院学习的黄金 15 年。人的一生，只要抓住你在黄金时间的黄金时期，那你这一生一定会过得不错。所以说，你们现在上大学，这个黄金七年，或者说加上读博总共黄金十年，如果把这个黄金十年抓住，你们的人生一定是非常光彩的。

问： 您觉得应该怎么培养学生的慈善公益精神？这方面对学生的成长有哪些价值？

答： 我觉得不光是培养学生，其实培养任何人包括自己的孩子，都要有一种善的精神。人要有一颗善良之心，善良之心就是对任何事情都要有善的眼光和善的理念。我主要就是从善与爱的角度去做了捐赠的事情。我想在人生当中拿出一点钱做出一点社会贡献，自己是不会心疼的，反而会很愉快。中国有句古话，"积善之家必有余庆"，善为的人一定会有一个好的结果。所以说，我们培养学生也是要让他们善待任何事情，包括动物和自然界，我们都会得到很好的回报。即使我们在社会当中会受到各种各样的挫折，也有很多的坏人或者坏事，但这些都不足以冲破我们的善良之心。所以说善是固定不变的，是慢慢培养起来的。只要是能够以善良之心去对待自己的人生，你的人生一定很有价值。

问：您对学校未来的期待是什么？对学校在学科、人才、师资等各方面的发展有什么建议？

答：期待非常多。具体来讲，希望我们各个院系的老师要有非常出色的专业能力，善于指导学生的慈善精神。有了好老师，就能教出好学生，我特别希望我们的学校加强关注青年一代老师的培养与成长。学科建设要跟随时代，办出我们央美的特色和高质量。有了高质量的学科建设，才能出现人才，继而有好的学生。关于学生的培养，我常常讲有三个条件，一是良好的学术环境，建立一个非常广阔的视野，有高端的学术交流环境，且应当是世界性的、专业性的、深入性的。打造这样的学术环境，是我们给予学生滋养特别重要的一个条件。虽然我们已经是全国最好的美院了，拥有独一无二的学术环境，我期待未来我们把这个学术环境建立得更好一些。二是有好老师，这其实刚才也提到了。清华大学有一个老校长叫梅贻琦，他有句非常著名的话："所谓大学者，非谓有大楼之谓也，有大师之谓也。"大学不是高楼大厦，大学里要有大师，有大师才能支撑这个学校的知名度，它能够决定这个学校的质量。世界级的名校里都是最知名的专家学者，他们获得了多项诺贝尔奖，是他们支撑起一个学校的知名度。中央美术学院作为一所美术专业性质的学校，一定要一代一代培养出非常优秀的艺术人才。三是我们的学生是非常具有天赋的优秀的学生，我们要有好的招生制度，招最优秀的人才到我们学校里来，就像清华大学、北京大学是把全国高考分数最高的学生招进来一样。

问：2019 年，您获得首届"徐悲鸿奖·艺术创作奖"，在得知获奖后就随即决定捐赠全部奖金设立奖学金。促使您捐赠学校的动力和初衷是什么？

答：这个是因为当时我创作了《新中国的诞生》，学校给了我最重要的褒奖和鼓励——徐悲鸿奖·艺术创作奖。当时是给了 100 万元奖金，一共有两人获奖，一个是徐冰，一个是我，一人 50 万元。在交税以后，还剩 40 万元，这 40 万元我就捐给了咱们学校的基金会，设立奖学金，鼓励学生能够加强课余时间的创作。因为艺术最终让人信服的就是创作，有了作品，才有立身之本。所以捐赠的初衷就是为了鼓励我们的学生更好地去创作。

访谈案例二

访谈对象：李垚辰（教师、校友）

问：您进入美院学习，有什么机缘或者情结吗?

答：我一直很想考美院，考美院是从初中开始的一个梦想，最早是考中央美术学院附属中学（简称"附中"），之后是考美院。

我到了差不多上小学的年龄，家里人觉得应该有一些兴趣，就给报了一个美术班。当时也很懵懂，自己也觉得好像有一点特长在学校很光荣，就一直从小学坚持学下来了。上初中以后，因为我姐姐高考要考美术专业，我才知道美术还可以参加高考、可以考大学，也就有了选择美术专业的想法。我是从内蒙古考过来的，当时在内蒙古的呼和浩特，听到中央美术学院，感到特别神圣，觉得能考上中央美术学院就是到了艺术的最高殿堂。我最初的想法是考央美附中，央美附中当时都是美院毕业的老师去教，还有美院的学生去指导，是考美院的最佳路径。所以初中开始，我就报名了一个当时在我们当地最好的培训高考的画班。

我从初中一年级就开始准备考附中。初二的时候去考了一次，初试没过。附中当时是在隆福寺那边，环境非常好，挨着美术馆，又和老美院在一条街。我当时觉得做附中的学生特别幸福，挨着美术馆这么近，挨着美院也这么近，让我更加憧憬了。初三时正式去考，虽然过了初试，但是到了复试就发现有问题了，因为我是在地方学的，没有来北京集训，画法上很不适应，在考场上就有一种有劲使不出的感觉，所以发挥得不是很好，落榜了。

我文化课比较好，考上了当地的重点高中，就没有复读。因为附中是四年，高中是三年，直接上高中的话，努力一下还有可能早一年考上美院。

最终决定考美院是在高一结束分文理科的时候，分文理科就决定了你以后选择什么专业，而美术在当时只能是考文科。我在学校里文化课成绩非常好，对自己的发展想得也比较多。我当时喜欢绘画、建筑和考古专业，但是查了一下，全国最好的清华建筑系和北大考古系在内蒙古都不招生，只有绘画专业最好的中央美术学院面向全国招生。另外，北大、清华其他专业对我来说也有点难，在美术方面，我可能能做得相对好一点。在我高考的年代，各个地方都非常崇拜美院，跟崇拜北大、清华一样。如果你能过美院的专业课，那就说明你是很厉害的了。所以我当时对于美院特别憧憬，决定了选择文科，考美术。

当时学习资料很少，附中只出过几本作业范本，有素描的，也有色彩的，能够大概了解一下央美附中的水平和课程。在高中阶段，我的老师为我按照央美附中的课程安排和作业要求来进行考前训练，画完以后要跟书上比较，达到书上的水平了，这个阶段的课程基本上就算过了。当时买不起书，课余时间就去书店站着看书，一看就是半天，也去火车站画速写。我就是这样对着参考资料一点一点地抠，有了一些进步。

我准备高考的时间实际上是比较长的，算起来有 5 年。因为我那个画班特殊，是高考集训班，到高考冲刺期只会安排一门课，所以我从初一到高三每一年都参加一次高考集训，跟着高考生一块来冲刺。其实也挺好，在信息相对闭塞的时代，在学长的成败中学到了很多，自己也在不断地总结，思考自己怎么样才能够考上美院。

到了 2002 年，我作为应届生考上了美院。以前美院都是各系（比如油画、版画、壁画、雕塑）单独招生，考的时候只能报一个系，每个系大概只招 10 个人。在这种竞争下，考生的录取概率就很低了，每年每个系录取附中之外的社会考生寥寥无几。而 2002 年的时候赶上全国高校最大规模的一次扩招，央美的造型基础部是第二年招生，油画、版画、雕塑、壁画四个系合招 200 个学生，就给了我们这些在地方学画画的社会考生很多机会。那年我准备得比较充分，发挥得不错，结果也还不错，名次也很不错，第一年就顺利考过了，就这样考上了美院，各方面都很幸运。

考试的过程我印象特别深，当时美院刚搬到花家地校区，条件是最好的。我们在最新的天光教室里考色彩、考素描，教室光线特别好，自己画起来没有考试的紧张感，而是很兴奋，因为在地方画班里从来没有这种条件。很幸运，我当时的考场，就是后来本科上课的教室。

当时我所在的画班，对于八大美院，一般都称呼其他学校叫"天美""浙美""川美""鲁美"，只有中央美院才可以直接叫"美院"。直至今日，我好像还是不太习惯"央美"这一叫法，脑子里头基本上还是"美院"。

问：以前的"美院"，到后来转变成"中央美院"，或者叫"央美"。现在大家也会觉得，与"央美"相比，叫"美院"的时候更加亲切，就像是自己的家一样。并且现在我们经常都叫"杨梅"或者"CAFA"，名称也都转到了新时代的另外一个表达。看来对美院称呼的转变也是一种故事与记忆。那请问您在美院有什么印象深刻的故事吗？

答：我印象很深的是美院像个大家庭，虽然我没有在老美院待过，但是听到许多老美院的故事。老美院很小，老师住在校园里，学生也在校园里，整个年级的学生也就一二百人，有时老师可能比学生还多。那会儿生活也比较简单，经济不太富裕，所以经常去老师家蹭饭，大家也觉得美院像一个家庭一样。这些学生也都是从各个省市挑上来的尖子生，老师带这些孩子，也都像对自己的孩子一样爱护，有的老师甚至比照顾自己家孩子还要上心。很多老一辈老师的孩子，都没有考上美院，当时考的时候不给通过，因为觉得水平不够。这种不见外的感情到我们上学的时候也还承续着，所以大家都把自己当作一个美院人，把美院看作自己家。尤其是工作室制教学，班里人不多，上下届都在一起上课，和老师同学关系都很好。正因为美院像家一样，所以上学的时候，大家给美院提意见的特别多，老师和校友也是，大家都很关心美院。毕业以后，我接触到的美院校友，比如说同届的或者是美院上过学的，感觉都很亲切，大家也都很关心美院，感觉一辈子都跟美院有关系。

我觉得美院人的情结跟其他学校是不一样的，大家对于在美院上学、生活很自豪，很幸福。

问： 您在校期间是否有不同于其他同学的特别的求学经历？

答： 我确实觉得我的经历挺特别的，我从进美院学习到现在 20 年了，2022 年我也正好博士论文答辩通过。

我 2002 年进入学校学习，考学的时候很艰难，准备了三四年，一晃在美院待了有 20 年了，这 20 年间，读本科、硕士、博士都在这个学校里，所以我经常很感慨。我本科和硕士都是油画系二画室的，毕业以后留在学校工作。工作原因，需要研究相关方面的知识，觉得自己要再深造。所以我在 2017 年考了博士，方向是博物馆与文化政策。从纯实践的方向转到一个纯理论的方向，对我而言是一个大的跨越。我觉得这个过程也挺有意思的，可能之前很少有人这么做。

考学的特殊经历，平常我一般不说，但想到这是校友采访，讲一讲经历，给后来的同学做一个参考也好。我在所有考生里边可能是文化课成绩比较好的，在当时比较另类，同学还给我一个戏称"十一，六百"。

现在的造型类专业对于文化课的要求已经比较高了。过去美院也有过几年，造型类专业的一些名额是按文化课成绩录取的。比如说，你拿到了专业的准考证，如果文化课考了前十名，就可以直接录取，但这在我们那会儿还没有。我们那会儿总成绩不算数学，分数线很低，文化课要求很低。

在我高考的年代，绝大部分学画画的同学文化课都不好。有的是本身就不好，有的是自己学了画画以后不愿意在文化课上投入太多精力，总之成绩都不太理想。这导致从社会、家长、老师的角度，有一个不好的印象：学美术的同学都是学习不好的，都是班级里的差生，尤其是在重点高中里，总觉得美术是边缘化的。我当时觉得不是这么回事，因为我周围的很多同学都很聪明，包括现在美院中的很多同学有非常高的智商，只不过是人各有志罢了。

而我当时的优势就是我从小文化课成绩比较好，也一直保持得不错，在高中也能排到前面。那时我心里就有一个小愿望——我要做一个表率，让大家知道学画画的学生既可以画得特别好，也可以学习特别好，而且不是一般的好。所以，我在学画的同时也憋着一口气，想为美术生争一口气。

最终我的高考成绩也是比较理想的，加上数学的话，我当年高考文化课是考了 600 分，超了录取分数线大概有 200 多分，应该是我们那一级里最高的。在我们高中的班里也是前几名，我们班的第一名是当年的内蒙古文科状元。我的专业成绩也不错，考了第 11 名。这在当时是出乎大家意料的，有了很好的反响。

因为这个成绩，当时我们市里还特别给了我一个有意思的称号——"内蒙古汉授美术科的高考状元"。在我们地方的学校和画班，大家都知道有了我这么一个特例、一个标本。之后我们学校的老师就觉得美术生也有学习很好的。尤其是对学弟学妹产生了巨大的影响，让后来的学生有了新的希望。学习成绩是靠努力得来的，只要努力就会有不一样的收获。

后来我工作之后了解到美院的学生里渐渐也有高考 580 多分、600 多分的，文化课分数线也逐渐向一本院校靠齐。我觉得这是一个好现象，因为美术是文化很重要的一个组成部分，学美术一定要了解文化、了解历史，文化课好对于学生的视野、志气以及长远发展是有深刻影响的。

20 年过去了。我觉得时间好快，也好长。我们刚来的时候，学校里的树都是才种下去，都跟胳膊一样细，现在都比碗口粗了，整个望京也是这样。我们看着周围的楼盘一个一个建起来，商场一个一个开起来，挺感慨的。这个采访我也很感兴趣，花家地校区建成 20 年了，也是我人生的一个重要的 20 年。

我们那会在二画室，"二"就是大家的自嘲，但是这里边也有着二画室人的实在和认真，这在人性中很宝贵。

我本科和硕士都在二画室，也是当时考试时候的考场，就是很有缘分。所以我后来能够留校在美院工作，是很幸福的一件事情，因为这是我梦想的地方。我当时给自己定的一个人生目标，其实就是考上美院。考上美院其实已经完成了我的一个人生目标，后来的这些发展与追求好像都没有比考上美院更让我觉得兴奋的，因为考上美院太难了。

问：请问您觉得在美院学到的知识，包括您在油画系的学习生活，对目前在美术馆的工作最大的影响是什么？

答：我觉得在油画系的学习，潜移默化地训练了我，对我的人生和事业发展非常重要，而这也是我到美术馆之后才发现的。因为之前在美术馆工作的同事、前辈，一般是人文学院史论专业出来的，我一个纯绘画实践专业背景的人去美术馆工作，明显有着很大的不同，或许我也给我们的团队带来了一些非常新鲜的视角。

首先，长期的绘画训练，使我的眼睛对于空间很敏感，眼睛就像尺子一样，这在我们准备展览过程中也很实用。比如说现在你挂在墙上的一幅画，平不平我拿眼睛就能看出来，哪怕只差 1 毫米。

其次，长期的绘画训练，给予了我面对图像的敏锐性，我认为这是非常重要的一点。因为从学画入手，通过长期实践和浸染，我对于每一件作品的制作过程都非常了解，虽然我不一定能够画得那么好，但是我对它每一步如何在画面呈现、通过哪些流程一步一步完成都很了解。我能够通过完成的作品看到它背后的一些东西。美院的造型专业对基础要求非常严格，因此训练了我们对于造型和空间准确度的敏锐。另外就是我对于图像的记忆能力也非常强。我一般是通过地图或者是记形象来形成我的记忆的，而并不是通过文字。

所以来到美术馆以后，我可以发挥在图像识别上面的一些长处。因为很多有史论专业背景且学画比较少的学者或老师，一般要从文字材料入手来分析一张画。而我可以从图像的角度，根据美术史图像上的变化（尤其西方美术史，从文艺复兴之前到文艺复兴，一直到古典主义，再到印象派，再到现代主义，它都是有一个形象变化的造型语言的）找到非常明显的时代特征。我可以通过这些形成对于美术史的认识，并且能够认识作品，我觉得这个是优势。

我识别作品的能力比较强，看到一幅画以后基本就能记住，然后就能分析它是什么时代的。后来我负责管理库房，去了以后，就更清晰了。因为我们库房中的画是按照时代顺序挂的，基本看过一遍以后我就明白了。比如说1960年代的画，它就有一种朝气蓬勃的色彩；1980年代的画，花样很多，但透露着一种朴素的、经济不富裕的气质，颜料都是瘪的……每一个时代的画都有它的气质。我通过形象，给这些作品断代，这是我自己的一个方法，能够很好地找到很多作品的出处。在没有文献资料的情况下，我可以把一些没有签名、没有文献资料的画通过图像对比，找到它的出处。

比如说李叔同的《半裸女像》，是我研究的一个起点，那就是我识别出来的。其实我刚到美术馆的时候，没有打算研究理论，我是想上完班以后画画的，但是学校积累了很多画，有一些是没有能够辨认出来的佚名作品，我们整理库房就要整理这些，工作任务很重。因为我对画很敏感，尤其是油画，我知道哪些画得好，哪些画得不好，哪些是大师的作品，哪些是同学的习作。对于《半裸女像》这幅画，我一看，就觉得这个画画得很好，画家肯定是一个接受过训练而且是比较有才气的艺术家，画得很有氛围，所以就记住了。查找的时候，就在美术史书上偶然看到这幅画的黑白图像，通过一点一点地比对，后来比对出来发现确实是同一幅。

包括后来我们馆里头还找到一幅吴法鼎的作品《海滨》，已经非常破烂。当时我通过画框、画布和绘画的技法，觉得它肯定是 20 世纪初的，但是没有签名，无法得知具体是哪个人的。于是我又通过我们馆藏同时代其他画家的作品，按个人风格做分析，最后推断这幅画应该是吴法鼎的，但是没有证据。于是我就一点点地查，大概是从 2011 年到 2021 年，才真正考证出来。很幸运，最终能考证出来。所以，我的这种识图能力（对于图像的敏感，尤其通过图像的笔触与气质来断定时代）是油画训练给我的财富，我觉得是非常重要的。

一方面，油画训练一般是一个个人的行为：完成一幅画，你必须得耐下心来，克服各种困难，一步一步地完成。画画的时候所有画面当中的问题你都必须要处理，只有处理完了，你才能画一幅好画，这过程中没有任何问题是小问题，每一个小问题都关系这幅画的最终效果。这种训练其实给了我工作上能够持之以恒、克服困难的品质。另一方面，经历过考美院的人，好像从来没有抱怨事情有多难，因为考美院是最难的，把这个坎度过以后，就没有什么难的事情了。这些经历潜移默化地使我形成了一个习惯：我在工作当中也不会抱怨有多难，不会把一件事情做到一半半途而废，我觉得肯定会有办法，因为我画画能画得那么好，就知道任何的困难都是可以克服的，都是有办法的。所以工作当中遇到的所有问题好像只有一条路，就是解决它，而不会总想这个太难了、这个我处理不了、这个不归我管。

这两点是我读完博士以后依然比较感慨的，油画系的学习给了我一个与文字系统背景的美术史学者不一样的眼光，我觉得这个挺难得的。所以现在我通过自己的探索，希望可以帮后面的学子们多探索一些路！你学的任何东西都是有用的。

问：请问您认为您在典藏部的工作和研究，对于美院的教学还有校史的整理研究等方面有什么特殊的意义吗？包括美术馆近年来做了不少梳理馆藏和校史的展览的工作，在这方面有什么可以分享的吗？

答：咱们美院美术馆其实是院校美术馆。我是从美院学生过来的，对于学绘画、学理论的同学，我觉得最好的教材就是前辈的这些画作，前人的经验，是最直接的。

我自己在上学时也经常会有迷茫的时候，不知道怎么学习。我后来想，为什么会迷茫？是我不努力吗？还是我脑子不够好呢？后来我觉得，就是因为有的时候很难找到自己的坐标。因为在图书馆借的书，都是有关上下五千年的，所有作品都印得一样大，都是碎片化的，没有大小的差别、材质的差别。书本有时候无法给你明确一个概念的时代感，所以你的想法都是天马行空的、错乱的。但其实，学实践的同学特别需要有一个坐标，关于历史上发生了什么？它是怎么发展的？你应该怎么走？需要一些知识来告诉你自己的位置在哪儿。这种感受在我毕业以后的工作中尤其强烈。

学美术的同学是需要看原作的，原作上有大量的历史信息，每一幅作品都与他所处的时代有着密切的关系：从大小、材料、题材到手法等各个方面。我管理库房，在看到库房里所有的作品以后，我对于自己的未来就不再迷茫了，因为我知道了前人在做什么？每个时代是什么样的？我的画和这些作品的区别是什么？我可以做什么？……

此外还有通过工作出差获得的感受，比如说去国外的美术馆游历以后，感受更为明显。当你在一个国外著名的美术馆转一圈，比如说俄罗斯的冬宫，就可以从古到今把美术史走一遍，你心里就有坐标了。

而且美术史上的艺术探索真的非常丰富。我们可以看到别人做过什么、我可以做什么、我可以向谁学习——我觉得这种视觉经验，对于画家与美术史研究者都是非常重要的。

所以一方面，作为美术馆，要让自己的馆藏有深度、有序列、有品质、有知识；另一方面，作为学院的美术馆，尤其从我学画出身的角度，我觉得有必要让大家看到历史是什么样的。我们现在学的美术史都是精简的，看的画册也都是碎片式的、集成性的，因此很难通过这些看到历史的面貌，所以做梳理馆藏展览的目的和必要性就在于此。

我们第一个馆藏精品展出是在 2012 年。从 2012 年开始，我就一直在跟进这个项目，即"精品陈列"——这是我们未来做长期陈列的一个尝试。馆藏里有很多不清楚的藏品，只有把它们都梳理清楚以后才可能形成一个完整的长期陈列。

我们最早是通过对北平艺专的历史梳理，围绕着美院和中国美术史之间的关系来形成陈列。展览围绕着美院的各个专业，每一个展览介绍一个专业。我们做过国画、油画、版画、雕塑，也做过古代书画，想通过这种小的序列，让大家看到一个时代的脉络。同时，这个时代又能跟现在形成对比，可以提供一种参考，能够给学生更多看到原作的机会。这些陈列都是持续三个月以上的，大家可以重复来看，可以研究它。

美院美术馆做的这些陈列，我觉得最直接的贡献就是对于与学校相关的美术史的梳理。北平艺专的精品陈列也推动了学校做校史陈列。对展览作品的梳理，对于校史的研究、对于美院的发展也有一定的贡献，因为每一个展览都是围绕美院展开的。并且，在梳理作品的同时，也会汇集很多文献资料，对于老先生资料的梳理，也做了很多贡献。我们有一个想法，希望能给美院留下一个相对完整的中国美术史馆藏序列。目前咱们学院美术馆有几个比较好的收藏序列：中国历代书画的收藏、20 世纪美术名家收藏，以及中央美术学院毕业生作品的收藏。我们想多留下一些标本，给后面的学生、研究者提供一些历史资料。要不然，这些东西散失以后很难再发挥作用。

在 2015 年的时候，我们做了一个全国大型巡展，叫"历史的温度：中央美术学院与中国具象油画"，以美院的角度来看 20 世纪的中国油画。这个展览其实是在我们做了几个小的展览之后大家觉得有可能进一步做的，是在小展览的基础上形成的。还有就是我们做的"青春万岁：新中国美术的青年时代"，是把这些老先生青年时期的成名作展出来，让大家看到美院的学生在 20 多岁的时候迸发出来的才华，也让后来的学生有一种抱负、理想和信念，给大家一些信心。我想，对于学校的贡献可能也就是这些。包括我们组织的这些老先生的展览，都是尽可能全面地、有态度地、有角度地向观众，尤其向学生呈现艺术家的成长过程，让大家能够看到这些艺术家成长的心路历程，我觉得这也是很重要的。

而且我也觉得这与我的特点有关，因为我知道创作过程的每一个节点作者会想什么。就像做袁运生的展览"水乡的记忆"时，我就知道他画的时候需要想什么，需要有哪些步骤，那我就去找相关资料，这样才能够串联起来。因为提供给我们的资料比较少，如果不了解这个专业，是很难下手的。

可能在未来，美院美术馆会有一个比较好的长期陈列，也可能是断代史陈列，给学生一个整体的美术史印象，而不再是碎片化的。碎片化的印象影响很大，会使大家找不到自己的坐标。

问：我们也很期待美院美术馆未来会有近现代美术作品的长期陈列，因为目前国内美术馆很少有近现代及现当代的长期陈列。

答：我觉得长期陈列对于学生和研究者来说特别重要，因为很多作品，你需要不断地看，从小看到大，从大看到老，在不同时间会产生不同的感觉，而且能形成对自我认识的校正，不断产生新的思考。这也就像工具书，或者像一些经典文本一样，你需要不断地读，才会对自己有营养。如果你每天看的都是新的东西，你很难发现它们其中的联系。所以我也非常坚持要做长期陈列展览，现在我们每年的馆藏精品陈列，尽量都让展览时间相对长一点，而且都尽量选择有话题性的、之前没有展出过的作品进行展览。到 2022 年，也已经坚持了十年。

问：这让我想起了在学校图书馆看过的由美术馆出品的展览画册与研讨会论文集，就像老师您前边提到的北平艺专相关展览，我们就有看到《"北平艺专与民国美术"学术研讨会论文集》，还有馆藏北平艺专精品陈列的系列丛书等。加上美术馆做了线下展览的线上搭建，都是对于资料的整理及公开，对于我们这些艺术领域的学习者来说都十分受益。

答：这是当时由王璜生馆长、尹吉男、曹庆晖老师组织的，"中央美术学院美术馆藏·国立北平艺专精品陈列"这个系列分为中国画部分和西画部分，带动了全国各大高校的美术馆去研究自己的校史，我觉得这个影响是非常好的。

《"北平艺专与民国美术"学术研讨会论文集》里文章的话题全部是通过我们的展览生成的，而且有很多学者通过这些话题，又衍生出了自己新的研究成果。当时的研讨会举办得非常好，但后来因为各方面因素，之后的展览就没能够做得更到位。

从 2010 年开始，央美美术馆是最早把重要的线下展览都做成了数字美术馆的机构，我们把所有展厅通过全景还原放在网站上，至今应该有 100 多个了。2020 年疫情开始的时候，我们一共做了两个线上展，其中一个是"古意的生成——明清书画研究展"。为什么是"古意的生成"呢？因为我们把馆藏古画做了梳理，以古意为线索，比如说"古"在明代代表着什么？在清代又代表着什么？有几种模式？我们通过梳理，做了一个线上的 3D 展览，同时，我们把款识等所有的细节都放在网络上。这是我们做的一个尝试。

问：学校近年来成立校友联络组织、基金会、理事会，积极筹措社会捐赠基金，完善现代大学治理体系建设，这些对美术馆的典藏和展览工作有什么推动作用吗，能否请您分享一些具体案例？

答：我们与基金会可能就是相互支持吧。

从我的工作来说，我还获得了一次基金会的奖，是陆英明老师给我发的。当时是我通过做老先生的展览，通过我们的工作促成了一些老先生的奖学金捐赠。

因为老先生大多都是通过美术馆来接触学校的，在工作当中，我们向大家介绍学校的发展、学校基金会的发展，之后老先生就有了在学校设立基金的想法。老先生向我们馆里捐赠，我们会给一些奖励金，但是他们有时候会用这些钱或者再贴补一些，在学校设立奖学金，以奖励后学。我经手了大概有五六个类似情况的项目，这些项目是和基金会关系比较紧密的合作。

另外，在基金会的指导之下，有一些项目肯定是对我们美术馆有很好的影响的，但由于我主要做藏品方面的工作，和基金会项目的直接接触并不是特别多，但我们互通有无，还是促成了一些合作的。像我们美术馆的改造资金，就是由基金会的捐赠资金提供的。

问：您是油画系出身，现在作为美术馆的策展人和典藏部的负责人，您能否给油画系和人文艺管的师弟师妹一些建议呢？

您刚刚也讲到了很多学科交叉的工作经历中的一些心得，那请问您，您认为还有什么是两个学科之间可以互相借鉴的地方呢？尤其是您觉得是否有非常必要、通用于所有的艺术从业者的技能呢？

答：我对美院是非常有感情的，我觉得考上美院的学生很不容易。大家其实都是百里挑一且很有求知欲的，但是进入美院以后，因为各种各样的因素，有很多同学并没有完全发挥出来。尤其我们学绘画的同学，有的还越画越差。我在美术馆工作期间，看了大量的作品，因此对于同学们，我是想说一些话的。这些话呢，面向所有专业的学生说，我觉得各专业都一样。

第一点，很重要的是要学好历史，学好美术史。因为艺术领域、文化领域的工作，要求研究者、创作者一定要有自己非常鲜明的历史观。只有站在历史的角度才能够做研究，才能够做创作。我觉得最重要的课其实是美术史，而且是美术通史。它对于一个艺术家、一个学者长远的发展，是必备的基础知识，非常重要。

第二点，我觉得作为学生，一定要做一个行动派，不管你做什么事情，一定要去做。你对课堂内容感兴趣，就围绕课堂作业做，如果不感兴趣，那就围绕自己的创意来做，一定要在行动中度过时间。这点我上学的时候也深有体会，很多同学都在彷徨、在逃避，不知道干什么，觉得干什么都不好。其实只要你做起来，就会发现一片天地，就能走出一条路来。你要是什么都不做，光是靠想，时间很快就过去了。

在我自己的成长经历中有两个非常重要的事情，一是我在实践中比在课堂上学到的要多。二是我在 2007 年本科教学评估的时候，学校的油画系办公室让我去帮忙。这一年的时间，让我认识了解了老师在上课时的状态和教学之外的状态，作为一个旁观者，我有很长足的成长，能够更宏观地看待我自己的学习。

除此之外还有一个经历，在我研究生毕业那一年，我参加了导师安排的全国写生活动。我是作为工作人员和摄像参加的。一年的时间里，我跑了很多的地方，接触了很多好的艺术家和老师。这使我的工作能力、为人处世的能力、绘画能力、创作能力都有了很大的成长。

所以我觉得学生一定要动起来，一定要找到一个自己感兴趣的内容，围绕着自己的学习做一些事情，多参加社会实践。现在发展得比较好的同学，往往都是当时在上学的时候非常愿意去实践的，不管去代课也好，去挣钱也好，还是去自己搞创作也好，都是非常能折腾的。

第三点，尽快为自己找到人生的榜样和方向。美院的同学都是百里挑一考上来的，对美院也抱有很大的期望，但是也会容易有一个弱点，就是比较自负，而且爱跟周围的老师和同学比较。央美学生是从全国选拔上来的，同学们的人生目标不应该局限于此。

我觉得一个比较好的方式就是，跟你的偶像比较。比如，你的偶像是哪个老师？他 20 岁的时候在做什么，你在做什么？他画什么样的作品，你画什么样的作品？大家都是从年轻成长过来的，我在学校里接触的老师多了以后，自己也慢慢地成长。或者也可以跟历史上的大师做比较，比如说拉斐尔在 20 岁的时候，他做什么？如果你想成为一个世界著名的画家，你应该做什么？他是什么时间出名的，他在做什么，那你在这个时间段，你应该做什么？

我觉得，多做这样的比较，就不会再过度在乎课堂上的分数，老师上课认真不认真，同学上课认真不认真等这些琐碎的事情，把自己的路走好。来美术馆、图书馆，来跟这些大师对话，目光放长远。因为只要是投入艺术事业，甭管是做理论的人文方向，还是做实践的造型艺术方向，没有 15 年的时间是很难有成果的。所以就安下心来，一步一步走，总会有自己的成就。

第四点，就是要多来美术馆，多去图书馆。我常常问同学们：你们经常来美术馆吗？他们说有的时候也来，在外面转一圈就走了，我觉得挺可惜的。在校学习期间，一个是课堂要利用好，还有一个就是一定要多看图书馆、美术馆。央美的美术馆是全国最好的，做的展览也是全国最有学术问题意识的，喜欢学习的同学一定要多看。在美术馆观看的过程中，就能了解美术史研究的思路。到图书馆也是，你就什么书都翻，感兴趣就多翻翻多看看。在如今这样一个信息爆炸的时代，这对一个人来说是非常有帮助的，因为只有广博的知识，我们才有可能把一个东西做得更专注。而且如今很多领域都是连通的，各专业之间也是连通的，如果你孤立在自己的专业里，那就没有办法借助其他专业的优势，把自己的工作做得更深入。

问：您在讲第二点的时候谈到，想做什么就要去做。那您觉得在学校的时候，有没有当时特别想做，却没有机会去做的事情？如果现在重新回到校园，您有什么特别想做的事情？

答：有的，我觉得我得多画点作品。我上学的时候就是想得多而动手少，浪费了很多时间，我要是多花点时间精力去创作会更好。还有应该多出去参加活动、跟老师聊聊天。我当时比较腼腆，平时不会主动和老师接触。我觉得和老师聊天是很好的学习方式，多找机会向老师请教问题，等于上了好多堂课，特别好。可惜我上学的时候没有找到这个定位，好高骛远，没有脚踏实地地画一些作品，和老师接触也少。

我们上学的时候是艺术市场特别好的时候，也是同学们心气很高的时候，大家都理想远大，要做前卫艺术、当代艺术，但是在学院里学的还是学院派的东西，所以常常想的多而很难做出来。如果让我再回到学校，我就甭管画得好不好，一有想法有构图就给它画出来。因为只有你画了，才能知道哪里有不足进而做得更好。

包括人文学院的同学们也是，只有你写了这个文章后才知道好不好。我去美术馆后的第一篇文章写得特别痛苦，但是，通过大量的改写，逐渐掌握了一些技巧和规律，慢慢地就顺畅了。所以，通过实践会学习到很多东西，想获得经验只有通过实践。

问：您在央美已经工作了 20 年，也见证了学校很多的重要瞬间，包括您在美术馆应该也经常和咱们的校史打交道。现在马上要建校 105 周年了，您认为美院最令您自豪的是什么方面？或者说您对美院的发展变化印象最深的是什么？

答： 因为工作的关系，学校里接触校史比较深入的可能我算一个。我觉得美院最令我自豪的方面之一是，它是中国第一所国立美术院校。并不是说由于时间早，而是他是当时整个社会文化界的众望所归。因为当时建立美术学校，并不是美术界的人号召的，在新文化运动之前，"美术美育"是作为一个救国方案提出来的。北平艺专就是在这个背景之下诞生的。它虽然规模非常小，但是给予了全社会尤其是文化界，对于中国复兴的一个重大的期望。

另外我觉得非常自豪的一个方面是央美永远是中国美术界的一面旗帜，基本上在各个时间段都是走在最前列的。比如说参加五四运动；最早一批去延安参加革命的很多艺术家也是来自北平艺专的——那是最有思想、最有开拓精神、最有革命精神的一波人。在新中国成立以后，美院作为先锋，引领了全国美术院校的发展。比如全国美术院校所有院系的成立，工作室制度的建立，央美基本上都是第一个做。

央美100周年校庆活动，我觉得是做得非常好的，我当时有幸参与其中。工作中我也跟各个学校的工作人员接触过，我觉得央美可能是全国美术院校里做事最靠谱的高校，说了以后就要做，很实在。包括做学术、做艺术都很实在，这个是让我很自豪的。

央美人骨子里有一股傲气，不张扬，有抱负，有原则，对于没有学术的或者学术不端的东西是非常不齿的。就是这种学术态度令我非常自豪！

也希望老美院精神能够一直延续。美院就像是一个大家庭，最重要的是这些学生和这些老师。这些人，才是美院最重要的财富！

问： 您是否可以谈谈对美院未来的期待，比如您对美院未来的学科、人才、师资、美术馆典藏等方面的发展有什么建议？

答： 从美院的发展来说，我觉得应该坚守中国最好美院这个品牌。行稳致远，厚积薄发。我们美术馆中的藏品跨越上下五千年，基本都在诉说这个真理。

作为美术作品，能留下来的才最重要，肯定要厚积薄发。短暂一时的兴衰并不是最重要的，重要的是找准自己的特色，能够有所积累，始终站在学术的前沿，有所为、有所不为。希望美院继续做到基础最好、最有品格和责任的本源。我也希望自己通过工作，能够给美院的建设添砖加瓦，做出一些成绩。

非常希望基金会能对我们美术典藏工作有所青睐，给我们一些专项资金。

有几个比较重要的点，比如，美术馆做展览之前都要收藏整理，在这个环节需要投入一些额外的人力和物力。毕竟先有研究才有可能有策划，只有把这些作品研究清楚，才能够在展示出来的时候让参观者有更多的收获。

另外，我们美术馆有非常丰富的典藏，可以说是全国美术馆中品类最为丰富的。我们有所有博物馆的东西，也有所有美术馆的东西：从新石器时代的石器，到历代的书画；从国内的作品到国际各大洲的艺术作品；从民间美术，到学院的艺术……我们多少都有涉猎，非常全面。

我特别希望基金会能够设立一些奖项，鼓励同学们围绕着美术馆的藏品做研究，写论文。我们手上有很多的素材，但是我们的人手很有限，需要大家来帮忙。美术馆可以提供实物，让同学们有机会近距离翻来覆去地看，来围绕自己的课题找资料。而且我们能够提供藏品背后的很多故事，这在无形当中可以减少很多到处搜集资料的时间，也可以帮助同学们从一个点扩展开来做典藏研究。

问： 您还有什么特别想分享的有关美院的回忆？

答： 我上学的时候有几件事印象挺深的。

第一件事是我上学第一天，布置完宿舍以后在学校里转，那年正好赶上中日交流会演，一个摇滚乐队在美院的多功能厅举办演唱会，我们就挤进去看。乐队演奏得很好，激情澎湃。台上乐队成员非常兴奋，号召大家跳起来！动起来！但是台下美院的学生，全都插着兜在那儿站着。当时的音箱已经快把我的心脏震出来了，但大家都没动。美院同学有一种傲气，我有我自己的态度，不会允许你要求我干什么我就干什么，我高兴、我愿意，我就动，当时感觉特别逗。

另外一件事是当时班里组织一块去酒吧听摇滚乐。听遍了全北京所有的摇滚乐队，比如窦唯他们的现场演出，当时我们学生都没有钱，大家就站在后面买一瓶啤酒之类的，一边喝一边看。我们全班都去了，就像一家人似的，同学关系都很好。

当然了，故事最多的就是上山下乡的时候。

2008年赶上汶川大地震，我们当时在西安做展览，真的吓坏了，第一次感受到生命是那样脆弱！倒是对于正经上课没有太深刻的记忆，日复一日，年复一年，还是课外的生活更有意思。

外出考察之类的活动是特别好的。我们班在2005年去新疆考察了一个月，看遍了新疆所有的石窟。当年看完以后，他们就安防盗门了。同学们住在一块儿、吃在一块儿，组织各种娱乐活动，特别快乐。能记住的都是在社会实践课的这种交情，我们大家天天待在一起，买东西，上街吃饭，一块去河边玩……关系融洽，生活美好。美院最好的就是社会实践课，一定要参加，跟老师、跟同学朝夕相处，绝对是多年以后的美好回忆。

访谈案例三

访谈对象：陈琦（基金会捐赠方、教师）

问： 您当初为何选择版画专业呢？又是如何开始水印木刻版画创作的？这其中有怎样的渊源？

答：这其实是属于一个妥协之举。我是 1982 年考上了南京艺术学院（简称"南艺"），当时考的是中国画专业。我们当时的学制很有意思，叫五年三节制，即第一年入学以后是预科，在预科阶段经过考核后进入两年的专科，如果在专科阶段成绩优秀，才可以进入两年的本科。所以这个学制给我们带来的是一种不断竞争的状态。我觉得那个时候我们去艺术院校学艺术，并不是因为文化成绩不高。当时一个班上的人很少，大概也就十几个人，大家都很有梦想，有梦想则意味着大家对艺术执着、较真。80 年代初，中国改革开放，整个社会环境都相对比较宽松、活跃，有大量西方的艺术理论，包括各种画册，被翻译以及进口到国内。进入学校以后，我们很快便接触了西方的艺术，对我们的艺术思想的形成产生很大的冲击。然而对于中国的本土艺术，尤其是中国传统的中国画，当时有一种普遍的批判的声音，尤其是我的学长李小山，他当时提出了一个非常有名的论点叫"中国画已到了穷途末日的时候"（《当代中国画之我见》）。当然，今天看中国画当然会觉得不是这么回事，但在那个时候，这个论点事实上还是非常具有先锋性的，同时它也是对我们传统的一种反叛。对当时我们这种年轻学生，也产生了很大的影响。我后来也就放弃了中国画，改学油画，接触到很多西方艺术，包括从古典主义到现实主义，印象派、野兽派、立体派、达达主义、未来主义等，对我的思想影响很大。

我学习的油画不是苏联式的，而是西方的表现主义，给我印象非常深刻的就是德国表现主义。表现主义的作品对社会有一个直面的反应，而且表达得非常强烈、有力量！预科读完，到了专科的两年，我基本上都是在画油画。1984 年，我还和丁方先生、杨志麟先生以及其他五个学长，专门在南京做了一个官方的六人油画展，这个展览在当时非常有影响力，用今天的话来讲就是很先锋、很当代。等到我要升本科的时候，开始分专业。分专业类似于今天的双向选择，就像我们造型学院在一年级基础部学习完后，需要进入各个系一样。我当时报的是油画系，但是非常遗憾我没有被油画系接纳。我现在反思当时没有被接纳的原因，可能是我的创作比较激进，不太符合南艺的教学传统。学校的教学传统还是苏联式的，延续契斯恰科夫、马克西莫夫的脉络。

既然放弃了国画，也没有被油画接纳，当时唯一的选择便是版画。我认为版画系的教学环境比较宽容，能够让我按照自己的想法去创作，所以也就是从那个时候，我进入了版画系，开始如饥似渴地学习。除了学习木刻，还有西方的铜版、石版画以及非常时髦的丝网版画。直到 1987 年毕业，做毕业创作的时候，我开始慢慢意识到中国水印木刻的重要性。当然对于这个重要性我有最基本的逻辑判断，一方面，对于西方的铜版、石版画，我们没有一流的技术，也没有专业的材料、设备。如果想要做一流的版画家，缺少足够的技术积累和专业的设备材料是不可能的，因为版画相对于其他直接性的绘画，对设备、专业性的材料、技术的要求是很高的。另一方面，我觉得跟在西方的后面，或者说跟在别人后面，是永远不会有出路的，你只可能做一个跟跑者，而不是一个领跑者。但水印木刻是中国独有的。当初的这一个认识，在后来总结时，我觉得可能是最早的文化自觉。我也是在最后毕业创作收集素材时，非常有意识地选了一条线路，这条线路就是从安徽的皖南——新安江的发源地，一路走到桐庐，富春江沿岸，最后到杭州，再从杭州坐船，沿大运河去苏州。这条线路是事先设计好的，有意识地去寻找一种中国的山水文化精神。我在富春江沿岸，深切地感受到我自己喜欢的南派山水画，尤其是与黄公望先生的《富春山居图》之间的联系；在苏州的园林，我开始体悟到中国的园林之美，也从园林的造园理念，开始体会到中国哲学思想中对于天、地、人、神之间的关系与思考。这些感悟也反映在我后来的毕业创作之中。对于 80 年代的整个艺术界来讲，在大多数向西方看齐的人潮中，我是为数不多几个回头看向中国自己文化的人。从毕业创作开始，往后 30 多年的艺术实践，我基本上都是以水印木刻作为自己最重要的创作媒介和艺术表达手法。

问：您在南京艺术学院学习工作 25 年，后调任央美工作，这中间有何机缘吗？

答：在我毕业那年，我是美术系和工艺美术系唯一一位留校的。我觉得我自己非常幸运，我们当时毕业后工作还是包分配的，但事实上若想到好的单位，还是要自己去找的。由于我没有去找工作，而是一心想创作，所以我的毕业创作为我加了很多分。我的毕业创作不仅数量多而且作品质量也很高，所以后来学校就把我留下来了。这也非常感谢我的母校那时的美术系领导。也是从那个时候开始，我在南艺的美术系正式从事版画的教学工作。在 80 年代末的时候，我的水印木刻作品已经很频繁地在各种展览上面获奖。当时我们这批年轻艺术家，也经常会在展览介绍和获奖信息中彼此认识对方。也正是通过展览，我认识了苏新平老师，所以与美院的渊源很早就有了。我在 1990 年的时候，为了组建南京艺术学院三版工作室，去考察中央美术学院、浙江美术学院（今天的中国美术学院）。由于大家都早已通过作品了解彼此，因此都非常熟悉，我与当时的系主任宋源文先生，后来的系主任广军先生、吴长江先生，还有当时年轻教师王华祥老师、周吉荣老师，都是非常好的朋友，可以说是一见如故、惺惺相惜。和美院的渊源，事实上是从 80 年代末就已经开始了。

从此之后，我们又陆陆续续经常在一块儿参加展览，包括 1993 年我在中国美术馆做个人展览的时候，请了版画界的很多先生，包括我们同辈的人，他们给予了我很大的支持和帮助。我的展览前言是广军先生写的，今天再去回看那时我留下来的照片，我们的范院长应该是在学校当团委书记，照片上还有尹吉男老师，我们的老前辈王琦先生、古元先生、伍必端先生、谭权书先生等。所以我觉得我与美院的关系好像是一种天命，注定的缘分。后来，我在南艺的工作也取得了很好的教学成果。到了 2006 年，美院跟我提出希望我到这边来工作，而且美院有非常大的诚意。美院的调令到了南京艺术学院以后，南京艺术学院的院长和书记开了一个会，决定不放我走。中间经过一些协调，最终是在 2007 年的 6 月我才得以调任。所以美院等了我差不多一年的时间，我非常感动。

我来美院的原因，首先是我想继续做创作，其次是被美院的学术传统吸引。美院培养了如此多新中国的优秀艺术人才，对于我来讲，这是一个圣地，我应该来此工作，奉献我的智慧，贡献我的力量。还有就是美院的胸怀。我记得那个时候有一句话叫广揽人才，我觉得这是美院的高度，也是美院的胸怀。我想正是因为如此，美院才能够在中国的艺术教育和中国的美术界有如此大的影响力。后来我到美院工作，接触了很多老师，发现美院的确是这样。世界各地的学子，还有其他外校的优秀的老师，都会集在美院，所以我想这也是美院有活力、号召力和影响力的最主要的原因之一。

问：您在 1988 年的时候开始从事环境艺术设计的工作，并自学计算机辅助设计软件，这好像和您版画家的身份有比较大的反差，能谈谈这两者之间的转变与联系吗？

答：这个经历比较励志。因为当时留校当了老师，比较清贫。我是喜欢做设计的，也得益于当时在学校做老师。社会上对于学校里面教艺术的老师是很信任的，经常会有人来找我们做设计，加之自己也喜欢，所以一边在从事教学和自己的创作，一边也去做一些设计。在这个过程中，我尝到了改革开放给我们带来的巨大红利，当时有非常旺盛的市场需求。我做设计，也一样是把它当成自己的创作来做，因此也有非常好的市场反应和认可度，竞争力也很强，能够顺利地中标。有一段时间来找我做设计的人很多，我可以去挑选，选择我有兴趣的去做。

因为做设计，自然地就会有工具和表现材料的媒介变化，比如说我在1988 年最初接触环境艺术设计的时候，是用淡彩的方式去画效果图。再往后到 90 年代初，我们开始用喷笔，那个时候有全套的意大利喷枪和气棒，而且气棒是静音的。可以说，那个时候，我们在设计的材料、表现、语言上面都是弄潮儿。再后来我意识到计算机的重要性，开始学计算机。但当时的计算机对于我来讲是比较高深的，而且设备昂贵，需要有专门的计算机房。我开始自学，自学的过程也非常有趣。那时不像今天有完善的计算机供应商，需要我们到电脑公司定制，比如我们要多大的显示器，什么样的驱动，多大的内存，等等。当时也没有像今天的培训课程，甚至连教科书也很少。我就是凭借一两本极为简单的入门书，慢慢地学会了。计算机给我带来的工作效率的提高是不言而喻的。但我觉得自学计算机给我带来的另一个深刻变化就是对于信息的认识，包括编辑、传播以及新技术的表现。再到后来接触计算机的图形设计软件，让我的思维形成了一种图层的概念，图层的概念实际上就是增加了一个时间轴。在时间轴上，你可以有无数的层，去编辑非常复杂的图形或视频。如果没有接触过计算机或者说没有把计算机作为我们工作的工具，我们可能有这样的思维潜质，但是可能未必能够得到很好的训练，所以计算机为我们步入今天的信息社会，奠定了很好的基础。我们那一代能够自己真正动手来操作计算机，并对计算机软件如此熟悉的人，其实并不多。而且今天我的很多创作已经完全数字化，我的思维就是建立在一个数字化网络中可以不断编辑的模式之上的。

问：这段经历对您的创作也产生了很大的影响。那么，近年来，您致力于中国水印木刻与未来科技媒体融合研究及中国水印木刻的推广。事实上，在当代文化语境中，版画并不是一门"时髦"的艺术门类，也逐渐脱离了日常印刷使用的语境，您认为古老的水印木刻版画如何能在当代焕发新的生命力？在您推广的过程中，是否遇到过什么困难？

答：这一部分需要分成两个方面回答。首先我从 80 年代末到今天，都是一直在用水印木刻的技术方式和媒介来进行自己的艺术创作和思想表达。

如果说一开始这是一个个人的自发行为，或者说是基于我的一种认识去做，而到了 90 年代末和 2000 年以后，我逐渐意识到这需要有人对中国水印木刻在文化层面进行一个深入的思考，这也是与整个中国改革开放直接相关的。因为改革开放促进了国际交流，随着改革开放的深入，中国经济的发展迅速，国家影响力日益增强，我们自然而然地便会面对一个问题，即中国的文化形象构建。对于我来讲就是我们在一个国际语境，尤其是在一个国际版画的学术圈里，能够贡献出什么样的艺术样式？我们如何能在版画的领域中，创作出既有自己深厚的历史传统、艺术精神，同时又有独特的艺术表现形式的作品。

在我们与西方同行交流的时候，我发现一个非常有趣的现象，就是原先我们自己没有觉得特别的作品，恰恰是西方人特别感兴趣、特别希望去学习的。这背后的原因是什么？这是因为在国际交流中，我们不会去学自己熟悉的，反而会去学其他国家的传统的、独特的艺术表达样式，或者说一种技术。隔岸观看，才能产生某种吸引力。我想这也是文化交流中很独特的现象。我记得浙江美术馆的馆长、中国美术学院版画系教授应金飞，他曾经带着一个展览到波兰访问交流，结果让他大吃一惊的是原本他认为非常好的版画作品，并未被西方同行所看重，恰恰是他带去的水印木刻作品大受欢迎。这也让他产生了一种深刻的认识，2018 年他回国以后做了一个非常大的展览叫"水印千年"。从那个时候开始有越来越多的人开始重视中国的水印木刻版画，不再把它当作一个简单的版画技术方式或者是版种来看待，而是把它上升到一个文明的高度，展现出东西方不同的艺术形式。它已经超越了技术的层面，更多地与东西方的文化，包括绘画的观念、方式相契合，进行深入研究。

在 2003 年到 2006 年读博期间，我的选题就是中西版画比较研究。我当时做这个研究最想搞清楚的一个问题就是为什么在中国，版画从诞生之日到今天，木版画始终是它的主流，为什么中国没有产生铜版画、石版画这样的技术。通过这些研究，我发现因为中国是印刷发明国，中国的版画是世界上出现最早的。我们现在能够找到最早的有据可考的实物版画作品，是公元 9 世纪唐代的《金刚经》插图。我们能够找到最早的西方的作品已经晚至 14 世纪。所以从时间上看，我们比西方早了 4 个多世纪，木版画已经是高度成熟。西方的铜版画是文艺复兴时期在意大利被发明出来的，与工匠的金银错工艺相关。但是金银错工艺在中国春秋战国时期就已经非常成熟了。中国为什么没有发明出铜版画呢？我的博士论文解决了一个最重要的原创性的问题，即为什么木版画在中国一以贯之地流传下来，而西方在铜版画发明以后，木版画很快地衰退。

我最后得出的结论就是中国的绘画方式和西方的绘画语言是不一样的。中国的毛笔字，最主要的工具是毛笔，而毛笔形成的线条抑扬顿挫、粗细流转、变化无穷，只有用中国的雕版木刻才能完美地表达线条的生动性。而西方铜版画的线条和西方画家一以贯之所用的硬制的银尖笔和铅笔是一样的。西方的铜版画与素描、钢笔画是完全一致的。同样，中国的雕版木刻与白描、线描也是高度统一的。这个论文也获得了江苏省优秀博士论文。这也促使我开始对中国水印木刻进行更深入的研究，同时我还有一个愿望就是要去培养水印木刻的青年艺术家，包括在国际上对水印木刻进行传播。

2010 年，我写了一本 50 万字的《中国水印木刻的观念与技术》，这本书对水印木刻的历史、技法、理论、当代表现做了比较深入的研究。这本书也获得了国家翻译出版基金的支持，已经翻译成英文，很快也会出版。中国画报出版社计划在英文版的基础上陆续出版阿拉伯文和西班牙文。

针对刚才提到的第二个问题，我认为这是一种艺术生态，不只是水印版画。我不认为版画是主流或者不是主流，因为主流可能跟一个时代的潮流有关。如果一个艺术能够存在就必然有它的合理性，除非它被消亡，它被遗弃，如果说到了这一步，我觉得怎么救其实都是比较乏力。我觉得版画虽然没有像与当代人的生活方式结合得更紧密的、更容易消费的艺术形式，比如科技艺术那样，但是版画依然有它的魅力，尤其是它有很深厚的文化内涵。另外，从某种角度上来讲，欣赏版画是需要有品位的，版画很多的味道需要你品才能评出来，它可能不能让你一眼看穿。我对版画这个艺术形式的未来充满信心。而且我觉得以后的路会越走越宽。我们如今经常会讨论，如今是一个复数的时代。版画以前就是为了图像的复数性的生产和传播产生的。我跟邱志杰老师有一个共同的观点，版画在过去，就是最牛的、最当代的传播媒介，就像今天的 5G 网络一样。版画在过去手抄本时代的复制传播速度，跟今天其实是一样的，是绝对的先进生产力的改变。所以我觉得版画在今天依然还是有它的活力，有它的存在价值和意义。

问：从创作和教学的角度出发，您认为学校最需要给予学生的是什么？以及社会最需要学生练就的是什么技能？

答：我给研究生院的寄语始终用了这两句话：第一句话是"目及四海，变通古今"，第二句话是"人格健全，精神丰满"。我觉得作为大学来讲，要坚持"培养一个大写的人"这个教育理念。当然，我们也要培养有技能的人，但我觉得那是在第二个层次。我们美院要培养有大格局的人。大格局的人的眼界是全球的，所以我叫"目及四海"，他的眼光不是停留在局部，不是停留在一个小的地方，而是放眼全球。"变通古今"就是纵向的，是指学生心中是有历史的，对世界的、人类文明的发展史是知道的，当然，也包括对于艺术史的熟悉。有了对古今历史的了解，有了全球的视野，他才会有坐标感，有了坐标感，才能有方向感。这是第一句话。第二句话，我们培养的人首先要有健全的人格。如果这个人有很高的才能，或者说有很好的技能，但是有人格缺陷，从教育的角度上来讲，还是有遗憾的。如果我们培养的人，能够在第一句话的基础上，是一个人格健全的人，有积极的人生态度，有对社会的健康认识。那我想，他一定是会对国家、对社会有贡献的人，一定是一个充满大爱的人。其次就是"精神丰满"、有趣。

既是一个纯粹的人，又是一个有趣的人。为什么呢？一个人有丰富的精神生活，我更愿意说他有丰富而高级的精神生活。当然，这种精神生活也包括艺术创造。所以我觉得，学校要给予学生的，可能是从这两句话去考虑。我并不认为"我们要培养一个一流的画家"，我觉得那个还过于具体，宏观的总目标其实还是重要的。

问： 请从您的经历来讲，学生如何在就业和创业之间进行选择？

答： 我觉得我们的学生在毕业以后首先还是要到社会中去，要去经历职场的历练。它有几个好处。第一个，从学生到社会工作者，是一个身份的转变。因为学生在学校是一种身份，但是到了社会、到了职场是另一种。因此，学生要学习，而这个学习是需要有自己的精神体验的，这是书本上学不来的。我觉得应该要去工作，要到职场去。第二个，也要学习如何去工作？工作也是需要我们去学习的。我们也能够在工作中掌握一些领域的业态。我鼓励我们的学生到最前沿，到层次最高的岗位上去工作，因为只有这样，你才能够了解这个行业，你才能够知道这个行业哪一些是最先进的，哪一些是最有可能找到突破的，或者说哪一些地方是有商机的。所以，我们的学生可以先到公司，或者是到单位去工作、去学技术，积累经验，在有了足够的储备之后，再考虑去创业。如果说从学校出来就去创业，我觉得不是说不会成功，但是有可能会走一些弯路，会经历一些挫折。所以，我的建议是，不妨先工作、先立点，然后再去自主创业。那样的目标可能看得更清晰、更精确，路走得可能会更顺一些。

问： 我们了解到您与亚洲艺术中心发起了"中国水印木刻青年计划"，在前面您也谈到了您对水印版画这一艺术生态的认识。那么促使您发起这个计划的动力和初衷是什么？在这个项目的实施过程中，是否达到了您的预期？以及您对这个项目未来还有什么期待？

答： "中国水印木刻青年计划"是我从2019年发起的。应该说发起这个计划也包含了我的天真和执着。因为我觉得光喊口号没有用，要有人实实在在地去做事。我们可以去呼吁、可以去发出声音，但我觉得实实在在地做事对于事业的推动是最直接、最有效果的。因此，我也天真地想以一己之力，希望能够对中国水印木刻的推广和人才培养起到一定的促进作用。事实上，在这之前我已经组织过两次国家艺术基金，是关于水印木刻人才培养的项目，通过这种人才培养项目，我也结识了很多国内的年轻教师和一些艺术家。他们也都跟我一样，对中国水印木刻有深刻的认识，而且也非常热爱。从我本人的角度上来说，我觉得这是历史的担当。我觉得我们这一代人要有人去做这件事情，而美院的教授如果意识不到这个，没有人来做，我觉得是遗憾。既然如此，那就由我来做。我通过一种公益的方式：每年以春、瑞雪这么一个迎新的主题来创作一件作品。这件作品体现了版画的好处——它是可以复制的，有一定的印数。只要把印数降到一定的数值，它依然是属于具有原创性价值的作品。在这个基础上，进行义卖，而且我定的价格是学生都可以接受的，大概是我的作品的二十分之一甚至是三十分之一、四十分之一。我的目的很简单，我希望有更多的人能够拥有我的原作，同时我也能够筹集到足够的活动经费，这也是我做这个计划最基本的经济保障。我把每年义卖所得捐给咱们美院教育发展基金会，因为我觉得这样就更加能够体现教育发展基金会对于教育的支持。

我们的活动从 2019 年开始启动，现在马上要进行第三次了。前面第一年是因为疫情，我们没有做。2021 年我们第一次做了展览"第四代：图像与媒介——中国水印木刻青年计划·2021 年度展"。在这期间，我非常感动，因为我的合作画廊亚洲艺术中心在听说我这个计划以后，他们非常认同，每年也拿出宝贵的展览周期无偿地提供给这个计划来做展览。同时，也提供展览的宣传等相关服务。这对于一个画廊来讲，其实也需要很大的成本投入。我也非常高兴，因为还有其他社会人士听说这个计划以后非常支持。我们在此基础上又设立了水印木刻的收藏，这些收藏最后都将捐给公立机构，捐给美术馆。我们的目的就是通过这种方式鼓励年轻人。这个活动是在全国范围内展开的，在展览的方式上面，我们也请了年轻的策展人来独立策展，2021年的展览是由青年策展人段少峰策划的。他从高校教学的角度梳理了水印木刻从新中国成立以来的发展，我们请了十名全国专业艺术院校的高校教师来做这个展览，也包括我们美院的黄洋老师。2021年的展览非常成功，当时高书记也专门到展览现场致辞，还有秦建平部长、陆英明秘书长都到了展览现场。这个展览在社会上产生了非常好的反响，包括中国画报出版社也为我们的计划提供了出版支持，这本书即将付印。我们的计划是每年一个展览、一本出版物、一个收藏。学校网络中心的房凡老师也积极地投身到这个计划中。我和他一起开发的中国水印木刻文献数据库也已经上线，我相信这将是有关水印木刻研究非常重要的文献资料库，以后一定会有很多热爱中国水印木刻的学者和艺术家来访问。但我希望也相信这个计划在大家的支持下能够如期进行。第一期的计划是五年，五年以后我们会再做五年，我希望做一个十年计划。我想如果每年能够有10位年轻艺术家参与，十年就有100位，这100位就是种子，是火种。他们在今后的教学和创作中，一定能为中国水印木刻的艺术发展做出他们应有的贡献。如果那样我觉得也完成了我的夙愿，也让我的行为得到了一种极大的回报。

问：您一直在微信公众号上进行许多水印木刻青年艺术家作品、理论的推介，我觉得这都是特别好的。插入一点个人的感受，我是2021年在亚洲艺术中心看了您和沈勤老师的"片石山房"展之后才了解了这个项目，同时我对中国水印木刻念念不忘，也在跨院选修里学习了黄洋老师的传统版画课，这也算是您这个计划对一名普通人的影响。

答：公众号的由来是这样，我2019年参加威尼斯双年展的时候，带了一件水印木刻作品参加了吴洪亮老师策划的展览"2012生成与弥散"，那是一件很大的二十几米长的水印木刻。在展览现场，很多西方艺术家、策展人、美术馆馆长都觉得不可思议，甚至有些还称"这是无与伦比的"。2020 年的爱丁堡艺术节也专门邀请我作为他们最主要的一个视觉艺术家，在艺术节做展览、工作坊、大师班等，但因为疫情没有成行。但是从这个经历可以看出，我们对外的文化传播是非常重要的。我也是基于当时很多人的询问，才开始觉得是不是有必要通过一个符合现代传播的方式来对水印木刻进行宣传，所以就想到要去做公众号。当时我的博士学生侯炜国作为我的展览团队成员，建议做个介绍水印木刻的公众号平台。我觉得挺好，所以后来我们在 2019 年 5 月就开始做了。开始以后，我就觉得不应该是只做自己，而应该做整个水印木刻。所以我后来在发刊词上面讲，尽管名称是"Art 陈琦"，但这不是我个人的。从那个时候开始，我就希望能够打造一个中国水印木刻的学术共同体，它是一个做水印木刻的年轻艺术家进行作品和技术信息分享的平台。我们有一个微信群，这个微信群成员就是在公众号上面发表过文章，进行过信息分享的年轻艺术家。这个群就像一个大家非常熟悉的一个社区、大家庭一样。事实上，这些年轻艺术家现在到全国各地，只要是有做水印木刻的，他们都会建立一个很好的联系，我只不过是提供了一个交流的平台。

问：这个公众号这种持续的知识生产和文献梳理特别好，如同水印版画这一艺术生态中的一种连接和传播。美院即将迎来 105 周年，在这个节点，我们来谈谈学校的过去和您对学校的期待。您 2007 年的时候来到美院工作，到现在正好是 15 年。回望往昔，您对学校变化发展印象最深的是什么？放眼美院的未来，可否谈谈您对学校未来的期待。比如说对学校在学科人才、师资等各方面的发展有什么建议？

答：我前面说过，美院待我不薄，能够有胸怀广揽人才，能够等我这么长时间，所以我觉得要回报。有一年我在做述职的时候就说，回报最好的方式是要干活，要干好活，我觉得只有实际行动才能够证明学校引进你、学校调你来是对的。我印象最深的是我到学校之后做的几件事。

首先是 2007 年的本科教学水平评估，我来了学校以后马上就投入到这项工作中，并且开始全面提升美院的数字化校园。美院那个时候的网站是一个静态页面，是现在的人不可想象的。因为当时我在南京艺术学院传媒学院做院长，对数字媒体、网络非常熟。而且我有一个非常好的工作团队，我后来也把这个工作团队调过来了，来帮助我做一些学校网站的建设。美院的官网从那个时候开始焕然一新。官网是作为教学水平评估非常重要的一个因素，它里面有很多的内容，专家可以在我们的网站上面进行阅读和查阅。那个时候时间紧，建设标准又很高，所以基本上每天晚上都干得很晚。而且南艺的团队到北京来，在这边和我们网络中心的老师也一起加班加点。因此，我一开始到美院来，既在教务处做副处长，同时又在网络中心、教育技术中心做主任。

其次是我那个时候开始意识到未来是一个网络信息时代，如果在互联网上没有你的声音，就意味着你没有影响力。你在线下再怎么厉害，在网络上没有声音是不行的，所以我从 2008 年开始建设我们学校的艺术资讯网（简称"艺讯网"），现在你们应该都非常熟悉。建设艺讯网在当时并不是学校给我的任务，而是我的直觉：一定要做这么一个网站。当然，我的想法也得到了学校的支持，我还得以招了邵大箴先生的一位博士孙宛君一起做网站。今天来看艺讯网，它在中国艺术界里面已经具有很大的影响力。我相信艺讯网对美院的学术声誉也起到了非常大的作用。

再次就是进行研究生院的建设工作。我是 2015 年到研究生院工作的，包括 2016 年参与学校组建研究生院，进行整个研究生尤其是实践类博士教学的人才培养模式的建构。我们现在所熟悉的双个展、博导大讲堂，还有一些课程建设，都是这些年我觉得特别有意思且很有挑战的工作。再到后面的双一流建设、迎接教育部的学科评估，还有我们其他专业学位的评估，比如说建筑学专业评估等，这些工作的组织应该说就是干活。我也力图在干活的基础上能够把事情做好，把事情做到像美院做的事，有美院的学术风范，做好美院的事业。

在美院迎来校庆 105 周年之际，我希望未来的美院能真正具有国际影响力，能够会集全世界优秀艺术人才，有强大的国际师资。同时，我也希望我们学校的学生能更加多元，能够建立起更多的跟当代社会同步发展的新学科与交叉学科，同时能够有合乎当代社会发展的最新的艺术教育理念，以及与之相配套的课程体系，教学实践的辅助与配套设施也能够全面地完善和发展。我想，我们也一定会按照这个目标去进行。同时，我相信所有的美院人都不会忘记自己的职责，都会因为自己的身份而拥有由衷的自豪感，也都会为美院的未来发展添砖加瓦。我想这是所有美院人都有的一个朴素愿望。

访谈案例四

访谈对象：柳青（基金会资助人员、教师、校友）

问：您 2001 年毕业于央美附中之后，本科和硕士都毕业于央美雕塑系，如今又在央美工作，可谓是一路的学习和工作都在央美生根发芽。您进入央美学习，有什么机缘或情结吗？

答：我从小就开始学画画，听我母亲说是 3 岁多的时候。她看到我胡乱画在墙上的涂鸦，觉得我有这方面的天赋，所以希望我能学画画，并且鼓励我努力学艺，上中学后也希望我能到全国最好的美术学校去学习。我家在湖南湘潭，小学学画是在厂子弟小学的美术老师文老师家里，通过他的介绍，我们知道了央美附中这个学校。我记得我母亲还在电视里面看到了关于附中龙力游老师的采访节目，龙老师也是湘潭的，而且小时候和文老师是画友。得知央美附中是全国美术高中的天花板，所以我就立志往北京考。1997 年，我考上了央美附中，往后，自然而然地一路在美院学习深造。

问：我也是湖南人，我觉得湖南人能考到咱们美院特别不容易，想必您在这其中肯定也是经过了层层选拔。您最开始是受了母亲的影响，那么您在考学之前有没有去美院参观过？还是说只是在心里下定决心，立志要考上这所中国美术最高学府？

答：母亲的期望于我算是一种鞭策。我的经历其实跟大部分的美术学子差不多，决定了要考央美附中，就来北京求学了。当时央美附中办有考前培训班，我就报名到班里学习。因为我当时年纪小，母亲带着我从湖南来到北京，记得是在胡同里和别人合租了一间小平房，只有一张床和一张小书桌，条件比较艰苦。在培训班里，身边学画画的都是同龄人，朝着同一个目标，教我们的是美院的毕业生，这些老师现在有很多是我美院的同事了。我在北京求学的时候也看了不少展览，当时那个年代，央美附中就在中国美术馆的旁边（东城区美术馆东街甲 24 号原址），在隆福寺那一块，所以去看展览很方便。现在回想起来，附中之前上的北京考前班，包括附中学习的那四年，其实都是我对于绘画的再启发、萌芽，和充满无限热忱的一个阶段。在这之前，我在老家学习画画，对它的理解还是有一些偏差的，到了北京学习后，我切实感觉到了绘画的乐趣，从骨子里生发出对艺术的热情。

问：就是说您来到央美附中以后进入一个系统性的学习中了。当时要从附中考进央美大学本科，其实也不容易吧？

答：说起来很有意思，我们这届正好赶上美院招生方式改革，是第一届扩招，并且造型类专业打通各系招生，由原先各个系单独招生改成了统一招生。我上一届的附中学长，他们还是按各个专业来招生的，比如学雕塑就得考雕塑，学油画就得考油画，但我们考的时候，油画、版画、雕塑、壁画都考一样的了。上了美院，我们是基础部的第一届学生。当时的升学压力其实是很大的，但是我们在央美附中学习，似乎也没有感觉特别残酷，回想起来，当时只是抱着热爱绘画，想着今后定要从事艺术创作这样的心态，对于升学考试并没有过度的焦虑。考试的时候，当然也紧张，考前花了很多时间准备，不过印象里考试好像只是一个过程而已，也许是附中阶段对于绘画的积淀比较扎实；也许是常年与附中老师、同学在一起生活、学习、探讨，状态很积极，氛围也很好；又也许是当时的全国考点就设在了附中，设在了我们平时学习、画画的天光教室，所以回想起来，一切都很顺利。

问：您为什么会选择雕塑这个专业方向？

答：我高考是在 2001 年。附中三年级下学期，学校内就开始分专业了，不同兴趣的同学进入不同专业开始学习，有雕塑、版画、油画工作室，还有国画、设计等，已经分得很细了，我三年级选的就是雕塑专业。我们上一届升学时就是按专业考的，但到我们这届考试前几个月的时候，突然接到通知，说今年不按专业考了，统一考绘画。很突然，原本我们都在"玩"泥巴，做好了考泥塑头像的准备，但好在常年画画，心里还是有底的。本科进入美院学习，我们在基础部学习一年，之后开始选择工作室，我选择了雕塑专业。原因很简单，当时在附中我就觉得雕塑很有意思，因为它是三维的，还能使用各种材料，可以把自己的想法塑造成占据空间的实体，加上从小学习绘画，已经画了很长时间，很希望能有一些拓展。当然，那时的想法比较单纯朴素。

问：看来您走雕塑这条路，是从一开始在附中的时候就定下了，主要是对雕塑比较感兴趣。在央美 8 年的时光里，您应该会有许多自己独特的求学经历吧？现在央美会有音乐节、电影节之类的活动，社团活动也精彩纷呈。您有没有参加学生社团活动？

答：说来惭愧，我几乎没有参加过任何团体，实在要说的话，足球队可能算一个。我从初中开始就比较喜欢踢足球，美院雕塑系有足球队，我就参加了。那会儿学校里面也有足球联赛，这可能算是一个团体活动吧。其实，我在大学期间的生活很简单，主要就是上课、练习、创作，另外就是跟很多同学一样，去勤工俭学。当时家里条件不是很好，所以我自己也得一边上学一边挣钱。现在想起来，这应该跟现在很多同学的状态差不多。

问：在您求学的这些年，您最感念的老师是谁？或者说有没有让您印象特别深刻的师生故事？

答：从附中一直到大学本科和研究生，感念的老师太多了，他们都是我的恩师。那时候教过我的很多老师现在还在美院工作，我们之间现在既是师生又是同事。我就先从附中说起吧。附中生活对于我来讲，印象是最深刻的，因为那时候我 14 岁，一个人离开家乡，来到北京，过上了集体生活。住在一起的同学们也都是这个岁数上下，所以那个时间段的情感和学习状态，跟在家读普通高中是完全不同的。师生之间的感情、在学校的情景，现在想起来还是历历在目。

说到老师，有几个小故事。在附中上学的时候，每年都有下乡的学习课程，要去一些相对偏远的地区采风、写生，画人、画景、画当地人的生活。像黄土高坡的村落，在山沟沟里，我们当年去的时候都是坐拖拉机进去的。那会儿由年轻老师带队，我现在想起来两个场景，仿佛就在眼前。第一个是夜晚活动的场景。现在油画系的孙逊老师，他当时很年轻，应该比我现在还年轻，那时候他还在准备考博。他白天跟我们一起写生，到晚上就拿正在学的外语跟我们一起讨论，在小黑板上写一些单词，一边教我们一边自己复习、巩固。我觉得这个场景特别有意思。有时候有同学过生日，晚上我们会升起一小撮篝火，包括孙逊老师在内的一些年轻老师会和同学们围坐在一起，弹吉他、唱歌，谈天说地，孙老师唱了一首《月亮代表我的心》，那些时光真是很快乐。

第二个场景是关于龙力游老师的，当时他也是附中的老师，我们是老乡，他特别勤奋，常常从早画到晚。我现在还能清晰地记得附中教学楼四楼他的小画室里，窗外洒进来的侧光，地上斜放的未干的油画，还有画面里牧民黝红的颧骨和结实的皮靴。龙老师带我们下乡时，他总是背着一个特别大的画框——那个画框可能比他人都要大——走路飞快，在乡间土埂上"一骑绝尘"。我们经常能看到这样的身影，离老远就知道那是龙力游老师。当时，我们学生对于下乡写生其实没有太多经验。因为是外光写生，光线变化很快，无论是速写还是色彩，都只能抓紧时间画一会儿，否则光线就改变了。龙力游老师会连续好几天都在同一时间段、固定的地方画同一张画，画幅很大。早上，他在村口画树林，到了中午，换到小巷子里画土坯房子，下午又换一张，第二天同样的作息。因为不同的时间段光线相对稳定，这样连续好几天，成果丰硕。当时我们看到他这种作画的方式，深受启发。

附中的时候还有一个场景，同样令我印象很深。当时学习绘画，会有很多心情郁闷的时候——内心肯定是特别想画好，但就是画得不满意，身边又有其他画得特别好的同学，因此心情会很低落。有一天中午，我们两三个同学没去吃饭，留在画室自己琢磨，看别的同学的画作。那时天光教室中午一般也不关门，只见高天雄老师走了进来。高老师当时是我们附中的校长，个子很高很瘦，总穿一身淡绿色的军装，显得很挺拔。有时候，会见到他在幽暗的楼道里扫地。那天看到我们几个围在一张画前，高老师进来后也没说什么，拿起水桶里一支很细的掉了漆皮的画笔，在调色盘上简单地调了一下颜色，勾了几笔这张画的投影。我们一致觉得色彩里面的投影很难画，一画就容易特别黑。我记得很清楚，高老师随意地调了几下，在画上勾得很慢，那个投影的颜色一下子就透亮了。画完这几笔，他还是什么也没说，径直走了，留下我们几个对着画面惊叹。我想这也很有意思，这可能能够体现出我们当时的学习状态，以及美院附中师生之间独特的情感。

当时附中的老校园里，值得怀念的还有很多。部分教师的家（宿舍）也在学校里，在教学楼南侧的一排矮小平房里。附中校园很小，我们晨练跑圈都是围着教学楼跑，经常嘻嘻闹闹地跑过先生们的家门口。李燕荣老师那时是雕塑专业的年轻老师，一家都住在这里，听说她怀孕时还挺着大肚子帮毕业生——高我们两届的学长——修整炸了窑的陶瓷创作。当年落日下，李老师胖墩墩、大眼睛的儿子在校门口蹒跚学步的情景依然就在眼前，现在，这个记忆里的"胖娃"已经是央美实验艺术学院的研究生了，又高又帅。

进入本科，第一年是在基础部，之后再分到各个院系里去学习。在基础部的时候，从附中考上来的同学学画的时间很长，对于画画已经有了自己的体会。进入基础部实际上就是从高中步入大学，在附中的时候我们画画可能更多的是一种本能，是一种热情，是出于喜欢和热爱去画的状态；到了基础部以后，画画就带有更多的研究的性质了。大一的时候，很多老师都教过我，像余陈老师、王光乐老师、文国璋老师……我在这个阶段对绘画、对艺术开始有了认知上的转变。我当时衔接和转换得还比较顺利，油画、素描分数都很高，所以很多老师觉得我绘画的能力不错。有一次在食堂吃早饭，文国璋先生见到我，还问我说，要不要考虑去油画系？我对文老先生很尊敬，现在我还时常去看望他，跟他交流时偶尔也会说起当时的故事。我当时的回答是我还是对雕塑比较感兴趣，它是立体的，可以使用多种材料，可以占据一个真实空间。感觉这比较"过瘾"，可以做实体，大小厚薄，实践的可能性很多，当时理解的绘画是平面上的探索。当然，这是我学生阶段的一个想法，现在来看，那时的理解其实比较片面。平面与立体，是可以互相转换的；绘画和雕塑，都有自己的语言特点。

进了雕塑系学习以后，我印象中开始有一点"开窍"的感觉是跟着我们工作室的几位导师参与创作一个城市雕塑项目的时候。我当时所在的工作室是第五工作室，即雕塑系的公共艺术工作室。在第五工作室学习会接触到很多公共空间的雕塑创作，各种形式、各种面貌都有。我说的这个项目是大唐芙蓉园的主题雕塑，主要负责人是王中老师、孙伟老师和段海康老师。因为项目规模很大，他们从工作室找了两个同学做助手，我是其中之一，另一个是韩毅——现在是央美附中的老师。我们两个人做前期小稿，做的内容是唐玄奘西天取经的主题，时间跨度大、人文地理环境庞杂、人物和动物密密麻麻，完成后得到了老师们的认可。现在想来，把这些内容用圆雕和浮雕的方式统筹好需要有很强的控制力和调度能力。我将以前画速写的经验用在了这里，因为我们之前经常去火车站、街道或市场写生，经常要画人物众多的画面。这些场景就是很多人物的组合，而且所有人都是动的，需要短时间内把人物形象和整个空间感受表达出来，并在小小的一个画面里对各种元素进行布局。我想，在这个过程当中，整体控制的能力以及对人物形象迅速捕捉的能力就得到了锻炼，这些对我做那次的小稿很有帮助，也对后来的学习创作有很大影响。雕塑跟别的专业会有些区别，它有很多接触公共项目或者大型创作的机会，那时候，我们就是在暑假跟老师们一块儿做的，权当学习。从我个人的角度来说，经过这个项目小稿的锻炼，我一下子感觉好像真正理解了雕塑和绘画，相比以前有了很多新的理解，也对雕塑语言当中的"势"有了很深的体会。我觉得这次小稿创作对我以后的雕塑学习十分关键，像一个"节点"，虽然它是一个课下的创作任务。

问：您刚刚说的大唐芙蓉园就是现在西安的那个大唐芙蓉园吧？

　　答：对，因为我们当时是学生，所以能够参与这种创作都是很投入的，尽管我们参与的只是前期的工作。后来，这个大型雕塑的后续工作就有更多的团队去做了，包括这个项目的落成等。我们创作的前期小稿，最后有没有用上，用上了多少，我也不是特别清楚。但无论如何，做小稿的那个过程，对我当时的学习帮助很大。我在雕塑系的学习有几个特别重要的节点，这算是一个，还有另外一个就是本科毕业创作。现在想起来，这些经历之间有一条线索，是密切联系着的。从求学时画速写，到去各个场景写生，画各种人物，到在雕塑系上课过程中做很多的人物形象，有时还跟着公共艺术工作室的老师参与社会项目进行实践，所有的这些经历对我后来的创作，包括今天的创作面貌，都是有影响的。所以我喜欢，或者说是感兴趣的就是做人物较多的题材和内容，聚焦当下人们的生存境遇。五年级毕业时，我的毕业创作构思了好几个方案，通过与工作室主任王中老师和段海康老师的几轮讨论，最后从提交的方案中选择了候车室人物的那一组。那件作品塑造的是火车站候车室里形形色色的旅人，他们来自社会的不同阶层，作为典型的人物形成典型场景。在我那时的认知里，是希望通过他们来反映中国社会的缩影，我将作品命名为《T61》。我用三个月的时间以速塑的方式很快地完成了这个创作，这件毕业创作也可以说是我日后创作路径的开端。

　　创作这件作品的过程中，段海康老师给予了我很大的帮助，我印象特别深的有两次。第一次是汇报创作过程时，段老师给了我三张塑封照片，照片上是着色的造型夸张的人塑，每个人物的形体都做得很抽象，并不是特别细腻、唯美或是面面俱到的样子，但整体看来又很结实。我并不知道这些作品的作者是谁，但它的创作手法给我的毕业创作提供了一种可视可借鉴的思路，至今，我还保留着它们。另一次是《T61》完成，布展时，遇到了这样的状况：我作品上的颜色在室内看蛮好，但是一放到室外（当时我的作品是放在学校草坪前的水泥地上进行户外展览）就显得比较灰。我没有什么经验，不知如何是好，段老师注意到了这个情况，就让我去买两瓶亮光自喷漆，还特意强调是"亮光"的。漆买回来以后，段老师拿着漆朝着我作品中的人脸上"噗噗"喷了几下，人头部的颜色一下子就变得鲜亮、明确起来了，作品表面也有了光泽，整个雕塑好像一下子就显得"精神"了。研究生阶段就更有意思了，事情太多，在这里无法尽述。我研究生阶段的导师是王中老师，他现在快要退休了。王老师是中国公共艺术界的领军人物，他经常带着我们去参加各种展览和学术活动，给我的创作、研究的思路提供了更开阔的视野，打开了更广大的空间。还有很多事情，一旦说起来就怎么也说不完了。

问：其实每位老师都在您的求学路上，一步一步慢慢地推动着您钻研的方向，每一位老师都对您有所启发，有所帮助。

答：确实如此，许多老师都给予了我很多的帮助。我的高中、大学本科和研究生时光都是在美院校园里面度过的，美院给我的感觉就是第二个家一样。

问：母校有没有哪些场景给您留下了深刻的印象和回忆？

答：附中校园里的老教学楼、楼西墙的爬山虎、女生宿舍前的枣树、双杠、宿舍楼后黑黑的锅炉房等，都让我怀念至今。那会儿我们都是刚刚十四五岁的青春期的小朋友，来自全国各地，离家这么远，大家在一个小小的校园里生活学习。还有，老师也跟同学们住在一个院儿里——教学楼南侧的一排平房，我们学生则住在教学楼东北侧的学生宿舍里。附中校园面积小到除了教学楼和宿舍、食堂，只有一个篮球场和与之差不多大的停车坪。我们虽然只是高中生，但生活在其中能够感受到时间的沉淀，一踏进附中的校门就能感觉到美院的气氛和气息，老楼、老树，老门、老教具，仿佛时光是静止的。我到望京新校区这边，是上大一了，所有的东西都是全新的，感觉是不太一样的。

问：您刚刚说到老师会和你们住在一块儿，感觉师生之间的距离很亲近。

答：是的。当时我们食堂就在宿舍楼下，老师也一块儿打饭吃，那会儿还是用那种长方形的铝饭盒吃饭。大学时，我们应该是搬到望京新校舍的第一批学生。我们的学长在二厂校区（万红西街2号无线电二厂）那边待过，当时听说那边思想和学术很自由，很活跃。我对于二厂只是听闻，因为我没有经历过"二厂时期"。记得我搬进望京新校区的时候，刚好是干燥的秋天，天气很热，还时不时有被太阳染成红色的沙尘暴。忙活了半天很是口渴，想喝冰镇的水，校园里和附近却都没有小卖部。当时望京周边很荒凉，只有几个老社区，根本不像现在这么繁华。我只能骑自行车出去找，感觉骑了很长时间，才寻到一个小卖部，满心欢喜地买了一瓶冰镇可乐，灌了下去。这时候，才感觉到干燥，尘土已经粘满全身。千禧年前后进出望京，是从现在的望京桥过来，然后经过金隅国际那边，最后到学校。那会儿的路太窄了，只能容两辆汽车勉强错身，路的两边还停着骡子拉的长板车，农民大爷大妈盘坐在长板上叫卖水果。这些都是我搬进新校区之前对学校周边的印象，可以看到这些年望京发展得特别快，我们的生活环境发生了极大的变化。

问：那您在学校和同窗之间有没有一些特别的故事呢？

答：跟同窗之间其实和大家都差不多吧。不过，我有一个特别的私人记忆，是关于我和我的爱人。我和她是同一届的同学，她是版画系的，我是雕塑系的，我们的相识就是在央美新校区的校园里。我研究生毕业以后，去了北京人民艺术剧院（简称"人艺"）工作，到2018年调回美院，在人艺工作了九年。毕业以后就很少回到校园了，尤其是教学楼、食堂这些更是不太有机会走到。2018 年回来工作以后，又会常常在学校的各个角落和楼道里走动、穿行，时常会触景生情，突然想起上学时候的一些情景。我就会用手机拍一张照片发给我的爱人，问她，你还记得这儿吗？还想得起这是哪儿吗？还有，那时候我经常和同学在操场上踢足球。操场的情景也让我很有感触，我至今记得当时在操场上踢球时的那种刺眼的光线。在疫情之前，我们偶尔也会带着女儿到学校操场里来溜达。常常会感慨，时间过得真快。

问：望京校区见证了您学生时代的成长，也见证了您工作后的前行脚印。在 2019 年，您获得了第一届中央美术学院"靳尚谊青年教师创作奖"，这对您的个人创作与教学生涯具有怎样的意义？

答：首先，我特别感恩，也特别荣幸。获得这个奖对我来说更多的是对我以前创作探索的一种肯定。当下的艺术创作多元化，各种展览也异常丰富，如何在众多的风格面貌和思想碰撞中始终坚定地去寻找自己的表达语言成为一个必须思考的问题。面对如此迅猛的洪流，我们是会受其困扰的。因此，美院的前辈、先生们分析之后最终评定的这个首届奖项给予了我自信，这种信心也让我能够继续坚持之前的创作方向和探索路径。其次，我有不少新的创作想法，经常会有犹豫，会有怀疑，会不断思考、推敲这样做可不可行，或者这样做有没有意思、动力在哪儿，最后往往便暂且搁置下了。因此，很多方案都还没有实现，可能觉得需要先放在那儿，等之后想清楚，回头再来做。这个奖项也为我实现这些搁置的创作方案提供了动力，让我思考后续的创作计划，希望自己能一步一步深入挖掘，把东西做得更充分。我觉得这两点是"靳尚谊青年教师创作奖"对我个人创作的意义。对于教学上，我觉得也是一种莫大的鼓励和鞭策。

问：您在研究生毕业之后先是去了人艺工作，后来才回到咱们美院成为一名教师。在您的职业规划和发展过程中，母校有没有对您产生什么影响？成为央美教师这样的转变是如何发生的？

答：我觉得在美院学习生活过的同学，能回到美院工作应该会是他人生最大的愿望吧，我也不例外。这可能是对母校的一种情感吧！我毕业的时候去人艺工作，其实算是机缘巧合。2009年，我研究生毕业，从一个朴素的、常规的角度考虑，希望找工作，落户北京。得知北京人艺在招人，我就投了简历，参加了考试，最后很幸运地被录取了。我在人艺做舞台美术的工作，涉及舞美设计、绘景、雕塑造型、道具等内容。工作的过程中，会时常跟经验丰富的舞美师、导演、演员一起探讨，是很棒的实践。我后来回想，舞美设计和雕塑创作之间有着很多共通点，两者在很多地方很接近。总的来说，在人艺的这几年工作经历对我的帮助和影响很大。那些年，我自己也一直没有停下对雕塑艺术的探索，对创作的思考还在继续。我依然延续着原先的创作方向，做了一系列作品，得到了一些成绩，在各类学术活动上也常常能够见到美院的先生。最后，因为一些机缘，我又能够回到美院工作，当然是由衷地高兴。

问：在美院的工作中，您最大的感受是什么？从一名在美院求学的学生，到如今在美院教书育人，身份不一样了，您现在的感受与求学那时相比一定有很大的不同吧？

答：换一个角度，我把自己当作学生。其实我现在也没有完全把自己当成是一个老师，因为我在创作和教学的过程当中也在一直学习。系里很多老师对学生个性的判断、未来发展方向的把握都较准确，讲问题一针见血，而我在很多地方还需要学习。现在如果我站在学生的角度来看，跟我们当年上学的情况相比，现在学生的平台和机会比以前要多了很多。在我印象中，我们上学的时候学校里展览很少，现在各种展览、各种评选、各种学术活动多极了，老师也会引导、推荐学生参加不同的学术活动。当然这可能也受到社会大环境的影响。总之，如今的学院里平台之丰富，是我们当年上学的时候没有的，我觉得这是一个很大的变化。说到身份的转变，我确实也有所感受。以前是学生，在校园里生活，主要任务就是学习。现在身份转变了，成了一名教员，才发现在学生学习的背后，老师其实做了巨大的努力，做了庞杂的工作——除了课堂上教授时呈现的之外，还有课下对于课程教案的不断调整，对学术活动的选择和策划。不光是我们专业老师如此，还包括教务处的老师和其他行政岗位的老师，他们都有着繁重的工作量。作为老师，我们都希望学生能够在这有限的几年中，获得更多的知识和技能，树立健康的世界观，拥有更多的能量和机会。我也是参与了很多这样的工作之后，才知道当时作为学生所上的每一门课，所听的每一个讲座，背后都有着整个教师团队或者是全院老师齐心协力的付出。这是我近几年成为教师之后比较大的体会。

问：和您的谈话中可以感受到您是一个非常踏实的人，总是一步一个脚印地向前走。您觉得在母校学到的哪些技能或品质，对自己的人生和事业发展是非常重要的？可以谈一谈您在艺术实践或教学实践中的方法和理念吗？

答：我觉得有两方面。一方面，从美院学到的东西更多的不是在于"学"到的某个具体的技能，而是一种"熏"，是潜移默化的感染，也可以说这是艺术创作的基础。很多老师也会持这样的看法：教学重要的是在于通过具体的课程来锻炼、培养学生的思维方式。比如，泥塑人体课，做一件精致的人体写生并不是唯一目的，重点在于通过对人体的写生来研究造型的规律，进而形成自我的认知，并运用到创作表达里。另一方面，在能力与技术之外，还需要有对现实的关注，或者说是"人文关怀"。我的创作方向跟我一路以来所有的学习过程密切相关，去车站画速写的时候画的就是普通人，芸芸众生。到雕塑系之后，我跟着老师们参与过一些公共艺术项目的创作，同样会关注到类似的题材。研究生时期，通过对无数具体作品与案例以及它们背后的创作理念和社会影响的研究，我学会了如何去看待大的环境，即从历史与当下两个维度出发。这些经历引导我关注人与社会，进而令我明确了创作方向。这一切可能也都烙在美院的校训中，美院的校训深深地影响着我们。我现在创作的很多作品还是保持着对普通人境遇的关注，我用群雕的方式，在一个大时代的背景下，用当代的视角去表达人的生存。

问：那么，您目前在教学实践当中，也会倡导这样的理念，主张学生更多地把目光投入到社会，去聚焦于一个更广大的群体，聚焦于一些更现实性的社会议题，是吗？

答：其实我没有明确地去倡导，每个学生都是创作的个体，有不同的生存体验。并且，关注人的境遇也不一定就需要是特别宏大的题材，不光是聚焦于广大群体，也可以是聚焦于我们自己的生活、聚焦于我们的周围，只要是实实在在发生在生活当中的，有切身感悟的，都是可以的。从艺术创作的角度，不管关注的是什么，你的作品反映的其实一定是你个人的一种看法，带有强烈的个人判断，就像拍电影、写小说一样。因此，我觉得并非一定要去关注一个宏大的或者是正能量的题材，应该从自己的真实生活中寻找能反映自己真实情感的东西，生活是创作的源泉。

问：对学生来讲，您觉得他们最需要学校给予什么？社会最需要学生练就什么技能？学生如何在就业和创业之间进行选择？

答：我的看法分两个角度。第一个角度，中央美术学院一定是培养艺术家的摇篮，如果你的艺术梦想很坚定的话，其实没有必要急着找工作。因为当你就业之后，肯定会遇到不想做又不得不做的事情，以至于耽误大量时间和精力，而随着年龄的增长，可能还会有家庭需要照顾，诸如此类。这些对于艺术家的创作来说，可能是一种消耗，是需要去不断平衡的一些东西。所以我觉得如果有条件的话，如果理想坚定的话，如果够强大的话，不一定急着去找工作就业，创作就是你的工作，这是我的个人看法。我是鼓励自主创业的。从另一个角度来说，做人也好，搞艺术也好，也不能只为了自己，我们不能只为自己而活。如果要考虑到家人的期望，或者平稳常规的发展，找到一个相对稳定的工作是很有必要的。这跟第一个角度其实不矛盾，是基于个人自身的境况、看法和判断，以此出发做出的不同选择。如果是需要去找工作，就会有很多需要平衡的地方。如若只是用学到的美术知识或技能去做一个相关的工作，这可能是比较简单化的想法。如果你还有对艺术的追求，那么也可以在完成好常规工作的前提下，继续探索在上学阶段形成的艺术追求方向，这个当然就比较难，需要花费更多的精力。

问：也就是我们还是要坚定地做自己，从自己出发去做选择。比如说如果想做艺术家的话，还是要坚定信念，走自己的路；如果是为了生存要去找工作，就会面临取舍，如果自己还要艺术追求的话，就要在处理日常工作和坚持梦想之间取得一个平衡，这是比较困难的。

答：其实还有一点。我觉得找工作是我们毕业时很重要的一个环节，无论是对于学校，还是对于个人，都很重要。我在想的是，我们在上学期间，是不是可以先不要考虑这个事儿，先尽量地把自己变得充实、强大，这样到找工作的时候，许多问题就迎刃而解了。现在有人可能会先去想我以后要进入一个好的行业，要有稳定工作，然后再去考虑我在美院怎么学习，我个人觉得这是不是有点弄反了。我觉得还是应该要让自己变得强大，这样就有很大的选择空间。到毕业时，要想就业，没问题；即使不找工作的话，因为自身很强大，依然可以做自己的艺术，在精神世界驰骋。

问：就是说应该先充实一下，而不是一味地在学习期间就去想着哪一些技能可以匹配社会中的岗位。如果您现在重新回到校园，您最想做好的或者是重新弥补的是什么？

答： 其实还挺多的。首先，我觉得真的应该要珍惜机会，多听讲座。我上学的时候，把更多的时间放在动手上，一直在"做"，画画、雕塑都是重实践的。因此，对于讲座，我在上学期间并没有太重视。但现在想起来，当时确实是无知了。这么多杰出的艺术家老师都会到美院来进行学术讨论和交流，大家都在分享自己的认识和观点，提供给我们特别好的学习机会。和这些学者面对面地、近距离地接触，去聆听学术思想、艺术经历和做事方式，一定是大有裨益的。当时没有好好地去听，现在很后悔。我还对两个事情很遗憾，总结下来的教训就是你经过努力得到的一些东西，不要随便舍弃。当时我考研的时候，花了一整年时间努力地学英语。后来英语考得还特别好，考了 61 分，当时过线的分数线是 38 分。对我来说，用这一年的时间考出这样的成绩，已经很不容易了。但是，得知考上以后，我就不再学了，可能是经过长达一年时间的"啃骨头"，确实有点学"伤"了，觉得终于可以告一段落。很遗憾，现在我的英语就不太好了，还得想办法重新捡起来，而且不容易捡起来。现在有很多交流的机会，有跟国外的艺术家探讨、学习的活动，还有出国考察的项目，这时候就会发现词汇量捉襟见肘。现在想重新学，又没有那么多的时间和精力，也难以达到当年那样的学习状态。想来当时考研的时候，学的单词量很多，许多外文杂志、报纸也都能读下去，如果在当时的那个基础上，继续坚持下去，再加强一下口语，再跟人多交流交流，说不定现在我已经能自如地用英语与人交谈了。还有一件事是踢足球，或者说是体育锻炼。上学时我酷爱踢球，那会儿身体很结实。高年级以后，勤工俭学，创作任务加重，体育锻炼的时间就越来越少了，也就没再踢球了。当时我记得体育课上张老师跟我们说，要好好锻炼，不然毕业以后就会长胖，会得脂肪肝，身体就得出毛病！我们当时还很年轻，心想那还差得远呢，觉得老师是在吓唬我们。但毕业后，老师说的话好像就全应验了。到现在，我还是没有那么多的时间去锻炼，也没有养成那种习惯。现在想，如果能把踢球这个运动坚持下来，身体肯定会更好。总之，你经过努力，得到了一些成果，就不要随便放弃，我觉得这个还蛮重要的。以上这些都是我的切身体会，其实遗憾还是有很多的。

问：母校即将迎来建校 105 周年，母校最令您自豪的是什么？

答：母校令我最自豪的就是培养了一代又一代的优秀艺术家。我现在能够跟这么多优秀的艺术家在一起工作，非常荣幸。还有一些前辈已经离世了，但他们在我国的艺术史上留下了那么多响当当的作品，他们的名字也是响当当的，璀璨如星河。这个是最令我自豪的，我相信中央美术学院的大多数人都会有这种感受。所以，我也希望我们能够和前辈们一样，继续在历史的长河中留下响当当的作品，"以大美之艺绘传世之作"。

问：美院近几年发展得很快，您工作后，对母校的发展变化有何切身的体会？

答：我正式工作的时间大概是 4 年。学校的很多事情都更加规范了，这是一个很大的变化。这个规范的过程中，出现了很多艺术创作范围以外的事项。比如随着信息化建设，随着我们学院的规模扩大，很多资料和文档需要去收集、整理和编排；随着各大高校对标国家的标准，进行评比、比较，我们的学科建设也越来越有序，逐渐体系化。不过，艺术教学和艺术创作在很多时候还是需要有变化，需要有机动性和灵活性的，希望学校在各方面规范化的同时也要注意这一点，规范有序并不代表一成不变。

问：对于学校近年来成立校友联络组织、基金会、理事会，积极筹措社会捐赠资金，完善现代大学治理体系建设，您有什么想法？如果学校设立教师发展专项资金、学生奖助专项资金、学校建设专项资金、学科发展专项资金，您倾向于支持哪些项目呢？

答：这些举措都非常好，对此我个人的见解很有限。如果学校设立资金项目的话，从我的角度出发，我倾向于支持教学类的项目和创作类的项目。教师也好，学生也好，这样的项目可以鼓励他们，为他们提供资源、平台，让更多优秀的创作成果出现。另外，从学校的角度来看，教学类和创作类项目的成果也是美院培养美术人才和学术建设的成果。

问：您对学校理事会、基金会和校友会的工作有什么建议吗？比如说应该发展一些什么样的项目，去支持青年艺术家的发展？

答：我的看法也许有局限性，但我尝试着说一说。可以把重点放在促进交流上，尤其是咱们美院有这么多杰出的艺术家，还有很多优秀的教育工作者和美术工作者，基金会和校友会可以举办一些交流活动，搭建交流的平台，对于在校的教师、学生和校外的从事美术工作的校友们来说，应该都会是有益的。交流也可以以多种形式出现，比如，抛出一个主题，沿着这个方向，进行一些创作展览或其他学术活动等。

访谈案例五

访谈对象：刘巍（教师、校友）

问：请问您进入央美学习有什么机缘或者情结吗？

答：回想起我进入央美学习的经历，确实是由很多的机缘促成的。我出生在内蒙古，小学和中学是在黑龙江齐齐哈尔读书。我跟绘画结缘是在小学的时候，那时候父母工作比较忙：母亲是一名初三化学老师，每天都要带晚自习；父亲当时在北京上学。所以我每天放学后就去母亲学校的美术老师李老师那儿跟他学画，于是便开启了我美术之路的启蒙阶段。我非常喜欢当时的美术老师，他毕业于鲁迅美术学院，讲授的内容非常清晰，因此让我打下了非常扎实的基本功。初中时期，我的文化课学习成绩不错，在我所就读的重点初中排名一直稳定在前十名。一次特别偶然的机会，遇到了当时去我们家乡那边采风的中央美术学院中国画学院的李洋老师。李老师就建议我去北京考央美附中，并且当时我初中语文老师的父亲也是央美附中的语文老师。在几位老师的引导之下，初三那年寒假我就来到了央美附中的寒假补习班。现在回想起来，真的非常感谢当时几位老师的引荐！一到了央美附中，我就深深地喜欢上了附中的环境。大家在那里画画，都画得那么好，整体气氛又是那么开放和自由。我年少时成为艺术家的梦想，在到了附中的那一刻又重新点燃了。因此当时我非常坚定地选择留下来准备考央美附中。央美附中当时每年招生大概只有 40 个名额，而我自己的专业水平跟北京的考试还存在一些差距，因此 1996 年我第一次考附中很遗憾落榜了。但是我考央美附中的心意已决，即使当时我已经考取了另外的重点高中，我还是毅然决然地选择了复读。经过一年的复读，我如愿以偿考上了央美附中，也因此开启了这些年我在中央美术学院求学的道路。这就是我跟央美之间的机缘或者情结。

问：您在校期间是否参加学生社团活动？或者说是否接受过来自学校、师生、社会的奖励和资助呢？

答：我上大学就参加了学校的学生会，最早是在学习部工作。同时那时候也非常喜欢体育运动，因此跟体育部也非常熟悉。大三的时候有幸被选为中央美术学院的学生会主席和学校的团委副书记，随后又参加了北京的大学生联合会。我特别喜欢这种集体的活动。奖励方面的话，我本科阶段连续四年获得了学校优秀学生和优秀班干部的奖学金。我非常感谢美院，我觉得这些奖励不仅是美院给我们学生的一种关心，更是一种认可。在我们读本科时，社会奖励资助还没有这么多。这两年我们基金会、校友会确实为我们美院的师生做了很多。

问：您在这些经历中，最感念的老师有谁？有什么让您印象深刻的师生故事吗？

答：最感念的老师，这确实是一个很难抉择的问题。我在美院学习生活了这么多年，感念的老师实在太多了：比如我认真又严谨的研究生导师王中教授，和蔼又尽责的支部书记王少军教授，我的入党介绍人吕品昌教授，我本科雕塑基础部班主任张伟教授，还有让我印象深刻的高雅端庄的余陈老师，她是我大一时期的班主任，来自人文学院的诗词选修课的董梅老师，我曾经连续两年都选董梅老师的选修课。我觉得大学的老师既激情澎湃，又幽默风趣，在朴素中具有一种真诚。这些老师带给我知识和希望，激励着我不断进步。其实我还想提到的是附中的老师，我当时十几岁来到央美附中，在那里也有很多让我感念的老师。比如我附中监护人马爷爷，就是我上面提到的我初中语文老师的父亲，还有当时的校长高天雄老师、韩宁老师，还有我们班主任安老师，专业课的李燕蓉、孙逊、申玲、蒋艳老师等。我觉得让我印象最深刻的是我附中的语文老师戴晓蔚老师和国画老师武漫宜老师。在附中读书时，语文课要求我们每周都要交日记。二年级的时候。我的同桌也是我们班级的语文课代表拿作业回来后，就问我最近发生了什么，并说戴老师让她给我捎 500 块钱。我当时就愣住了，突然想起那段时间心情不好，就将此写在了日记中。我当时就在想是不是我写的日记有些晦涩，让戴老师误会了？所以我就赶紧去找戴老师，戴老师也不听我解释，就让我必须安心收下这 500 块钱。500 块钱在我念附中的时候，差不多是两个月的生活费。还有一次是我在附中做毕业创作的时候，雕塑的毕业创作比较耗时耗钱。当时并不是我的专业老师，而是国画专业的武漫宜老师，特别过来看了我们的毕业创作，给我们雕塑毕业生很多鼓励。她收了我两件特别小的雕塑作品，给了我 1000 块钱。在当时那 1000 块钱刚好是我毕业创作的全部花销。我觉得附中老师跟我上大学的老师相比更像慈爱的家人一样，在平凡中透着伟大，给当时十几岁的我们带来了温暖，让我们更加学会了感恩。我觉得我跟老师们之间的情缘是说不尽道不完的，老师们让我在内心深处时时怀有感恩之心，并给我留下了不可磨灭的印象。

问：在校园的时候有没有让您记忆深刻的同窗，当时和同窗的哪些经历、母校的哪些场景给您留下了深刻的印象和回忆呢？

答：在美院学习生活了这么多年，我认识并结交了非常多优秀的同学和同门师兄弟，他们对我的学习生活都带来了很多的帮助。关于美院的回忆也特别多，比如毕业时的伤感、开学时的紧张，我觉得关于美院的回忆都是特别温馨的记忆！如果要举几个比较深刻的例子，我觉得美院每年的元旦晚会可以算一个。我记得我在雕塑系二年级的时候，当时有一个特别热门的电脑游戏叫《CS 反恐精英》，那年的元旦晚会我们就搞了一个以"《CS 反恐精英》"为主题的魔幻实验话剧。当时同学们都特别积极，发挥了雕塑系动手能力强的优势，我们制作出了各种各样的道具。当时我们的周思旻老师把他在中央戏剧学院化妆专业的老公叫来给我们化妆，整个话剧表演都非常热闹和有趣。话剧结束之后，我们雕塑系的四位系主任和书记隋建国老师、吕品昌老师、段海康老师和于凡老师演唱了 F4 的《流星花园》，将整个演出推向了高潮。当时的氛围让我至今难忘，不仅激情澎湃、幽默风趣，而且还带有一种真诚，这就是我最喜欢的美院的感觉。每年的元旦晚会、5 月歌会、运动会、雕塑系的美食节……这些集体活动在我看来就是美院精神的浓缩，聚是一团火，散是满天星。美院具有这样的热情，也具有这样的情怀。

问：在您的整个职业发展规划中，母校有没有对您产生什么影响？

答：母校的影响对我而言确实是巨大的。职业发展规划是我们航行中的灯塔，为我们确立了一个方向，但是在此过程中必定充满了各种未知与挑战。母校给我最重要的影响就是给了我对专业的自信。每每谈起我的母校，我由衷的自豪感便油然而生，这种自信与自豪感造就了我在职业发展过程中面对挫折和人生逆境的勇气。母校给我的自信和自豪是给我最大的影响！

问：您的工作历程是怎么样的，中间是否经历过什么重要的发展节点或者转折点？我们知道您之前有参加过学院的援疆工作，您能具体讲一讲吗？

答：我的工作经历在 2020 年之前比较简单。1997 年，我在附中学习；2001 年，就来到了我们中央美术学院雕塑系；2006 年，顺利考上了雕塑系的研究生；2009 年，毕业就选择留校，在中央美术学院教务处工作，后来又去了新成立的教学资源管理中心和资源管理中心做主任和主持工作的副主任。从 1996 年我考央美附中开始算起的话，我目前已经在中央美术学院学习生活了 27 年。前 25 年我一直学习、工作、生活在中央美术学院这个大家庭，我的夫人也是我的大学同学。在 2020 年，我非常荣幸地被选为中央国家机关第十批援疆干部，去新疆艺术学院进行支教工作。这 25 年来我从来没有离开北京这么远、这么久，因此要离开自己熟悉的环境、熟悉的人，尤其是家人，我内心充满了不舍。但与此同时，我又倍加珍惜这次锻炼机会，我当时想既然决定接受援疆任务，那么我就要高质量地去完成援疆的工作。

当时我记得非常清楚，我是 2020 年 10 月 25 日作为中央国家机关第十批援疆干部的一员来到新疆艺术学院。我在新疆艺术学院美术学院担任副院长，另外担任党组织统战委员和纪检委员的工作等。因为环境的改变，我在到达新疆以后，便感受到新疆艺术学院有很多与美院不一样的地方。比如新疆艺术学院的政治氛围和组织生活等，这些都迅速地打动了我。我当时怀着一种使命感与责任感投入到了工作中，我一直认为一定要把奋斗、奉献和担当作为援疆工作的态度。在这两年工作中，我在新疆艺术学院认真完成教学、科研、学科建设、学科评估、疫情防控等工作，积极参加"三进两联一交友"、南疆"结亲"、校内值班等工作。特别是在最近这一年，在美术学院没有院长的情况下，我负责起学院的教学科研与行政的全面工作。与此同时，我还讲授了六门专业技术课，我认为这样能够发挥自己更大的援疆价值。2021年，我获得了新疆维吾尔自治区评选的"民族团结一家亲"先进个人，我想用援疆行动来建设民族团结的伟大工程。2021年我在中央国家机关第十批援疆干部的年度考核和新疆艺术学院的年度考核中都被评为优秀。在这两年援疆的工作经历中我更加深刻地体会到响应国家的号召是央美人的光荣使命。我也非常感谢央美对我的信任，以及家人对我的支持和理解。我援疆工作一共三年，现在还剩一年。在三年的工作中我想我要争取架起两座桥梁，一个是要架起新疆艺术学院和中央美术学院的桥梁，另一个要架起新疆艺术事业与我们民族文化未来的桥梁。在援疆路上，我想争取用我的努力和坚守书写出我们央美新的援疆故事！这就是我近两年最大的体会和感受。

问：您觉得在央美学到的哪一些技能对自己援疆事业的发展是非常重要的？

答：确实，我从高中到研究生一直在美院。其实美院带给我的非常重要的技能是最基础的技能。第一，央美给予了我对本专业非常完整的知识体系和专业素养，并且对具体专业都具有一种独立思考、提出问题、研究问题、解决问题的能力，我觉得这是央美给予我们最重要的一个技能。我认为央美给予我们的完整的知识体系和专业素养是其他任何一个美院都很难做到的。第二，是对专业和学科的全面认识，而且是用发展的眼光看待我们所从事的专业。因为我觉得整个美院是处于大美术的框架之下，具有非常全面的学科和专业布局。在系统的专业的学习基础上，能够用一种更长远的眼光去看待专业的发展，这对我们的人生和事业发展都非常重要。第三，是自主学习的能力。我觉得央美每个学院的学生都非常优秀，自我要求都非常高。这种自我学习的能力是美院给学生的一个重要技能。我们永远不会毕业，知识的高峰应该永远是在路上。这三点是央美带给我的最重要的技能。

问：您觉得对现在的学生来讲，他们最需要学校给予什么？社会需要学生能够练就什么样的技能？

答：我觉得也是从三个方面说起。第一方面是扎实全面的专业、宽广的视野和自主学习的能力。我真心希望所有的在校学生不负韶华，认真地去钻研自己的学术知识，把我们的基础打得牢牢的。第二方面是能够有真正的能力和本事去由衷地、无所顾虑地用心做好每一件事。不管你处在什么阶段，不管你遇到什么困难，只要你用心去做，一定会让人刮目相看。不要急于追求表面上的成绩，而是要把自己该做的用心做好。平凡之处皆是用功之处，我认为社会也最需要学生锻炼这种品德和品质。第三方面是中央美术学院的学生都非常优秀，希望能把这种优秀转化成同学们内心的一种资源，让大家更加自信、快乐地去学习和生活。

问：是的，在平凡处才能练就一个伟大的品格和一颗真正丰富的内心，我觉得这一点是很重要的。您认为应当如何去培养学生的慈善公益精神，您自己也参加了一些援疆工作，应该在这方面有很深的体会。您觉得慈善公益事业和精神，对学生的成长会有哪些价值？

答：慈善和公益不能仅仅是款物的捐赠，要培养公益精神，更重要的是一定要有实质性的付出和劳动。所以我认为要支持学生参与一些力所能及的公益活动，因为学生只有参与到公益活动之中，才能真正体会到奉献的快乐和人性的成长，才能培养个人的使命感和责任感。我觉得这样才能让学生收获更多成长的价值。

问：如果重新回到校园，您最想做好的或者重新弥补的有什么？

答：其实我在学校包括从高中、大学到研究生的生活过得还是蛮充实的。但是也确实有很多的遗憾，如果能够让我重新回到校园，我会更加努力学习，尤其是认真上好理论课。因为我现在回想起求学经历，我的理论课学习确实不太认真，尤其是对中国美术史和外国美术史广度和深度的学习都不够，因此我现在会觉得这限制了我很多关于专业方面的思考。如果重新回到校园的话，我也一定会认真上英语课，我当时英语学得不太好。还有就是一定要按时吃早餐，让自己更自律。还一定要多去拿奖学金、多参加社团活动。我还想说，如果能够重新回到学生时代，我本科不会着急地参加更多的社会实践。研究生时期我觉得一定要制订好自己的创作计划和研究计划，要做更多深入的、挖掘性的研究。在研究生阶段，一定要做好自己的职业规划。这就是如果我能重新回到校园，我想做好的和重新弥补的，总而言之要让自己更加自律一些。

问：母校现在即将迎来建校的 105 周年，我想您应该也经历过我们母校好几次建校周年。您觉得母校最令您感到自豪的是什么呢？

答：第一，母校最让我自豪的就是中央美术学院大师云集，创作出了一批壮阔恢宏的丹青画卷，这一点是全国任何一个艺术院校都没法比的。中央美术学院的背景和深厚的资源是我作为中央美术学院学子和老师最为自豪的一方面。第二，刚才我也提到了，我作为央美人最自豪的就是我们学科建设的完备，美院是唯一的一个拥有美术和设计两个双一流学科的艺术院校。在这种大美术的完整学科体系下，造就了中央美术学院更加宽广的视野，也造就了学科专业延伸的可能性，为我们学科专业以后的发展创造了更大的平台。全国几大美院我都去过，中央美术学院的这种宽广的平台、广阔的视野，是其他任何一个美术院校哪怕是中国美术学院和清华美术学院都比不了的。第三，中央美术学院既厚植传统，同时也具有国际视野。这种厚植传统、国际化的视野、兼容并蓄的学术气氛也体现了整个央美的风范。第四，中央美术学院一直有一种为中华民族伟大复兴而创作的使命和担当，这种使命和担当深入中央美术学院每一位学生和每一位老师的内心。这也是我为母校感到非常自豪的一个重要原因！以上这四点就是央美最让我感到自豪的地方。

问：您现在作为央美的校友，对母校未来还有什么样的期许？对母校在未来的学科、人才、师资等各方面的发展，有什么具体的建议吗？

答：其实我一直生活在美院现在的环境中，确实对美院未来的发展有很多期许，这些期许也确实是我们美院工作的现实难点，我们现在所有的部门、各院系也都在争取突破这些难点。比如第一，我觉得首先在教学空间上，我们中央美术学院应该有更大的突破。我去援疆之前管理了一段时间中央美术学院的教学办公空间等资源问题的工作，我们现在教育空间的确很紧张，各学院都比较缺空间，这个问题甚至已经成为限制美院发展的一个瓶颈。第二就是学科专业发展的布局已经非常广、非常大，但是在教学资源的有效利用上我们其实还要去加强。我们要整合利用好中央美术学院现在的各类教学资源，同时我们也要更有效地去拓展校外的资源。既要有效整合校内资源，又要合理拓展校外资源，这样才能让我们的教学科研成果取得更大的突破。说到对母校在未来的学科、人才、师资等各方面的发展建议，其实谈不上建议，因为我现在的工作其实就是要把我们的校友、老师和学生的这些建议落实到我以后的日常工作中。简单来说就是我们要以学科建设为龙头，提高人才培养质量，聚集一流师资，助推我们一流大学的建设。

问：对于学校近年来成立校友联络组织、基金会、理事会等积极筹措社会捐赠的资金，完善现代大学的治理体系建设，请问您有什么想法？

答：我跟学校基金会的老师比较熟悉。在今天的大学，从人才培养、科学研究、社会服务，又延伸到文化传承创新和国际交流合作，一个高校现在承载着越来越多的职责。所以我想我们要在完善这种现代的大学治理体系建设的基础上，更加发挥好我们校友联络组织、基金会、理事会的作用，积极筹措来自社会的捐赠资金，来整合我们的校内教学资源。同时通过基金会、理事会和社会捐赠，更好地拓展我们中央美术学院的校外资源。不断完善整个教学质量的监控和考评制度，夯实以服务为特色的学科建设体系，我觉得这些与我们校友联络组织、基金会、理事会有密不可分的关系。

问：请问您现在对学校的理事会、基金会和校友会的工作，分别还有什么建议吗？

答：学校的理事会、基金会和校友会可以与教学和教学管理单位组织设立一些横向的课题研究，完善我们教学质量监控的考评机制，并且夯实以服务为需求特色的学科专业体系。目前，教学质量监控的考评机制跟我们校友会和基金会有很大的关联。这几年我们国家也在要求和倡导这种以服务需求为特色的学科专业体系，这也与我们理事会、基金会、校友会都密不可分。所以我希望在这几个教学和科研单位，有更多横向的课题研究的交流，让我们中央美术学院的教育教学、科学研究和艺术创作事业做得更好。

问：您在援疆的过程中有什么印象深刻的回忆吗？

答： 我在援疆过程中印象最深刻的经历是新疆"结亲"和"三进两联一交友"。新疆"结亲"就是我们所有的新疆艺术学院的处级干部都要到南疆喀什地区岳普湖县阿其克乡这个地方"结亲"。我在那现在有两家亲戚，我们要定期去"探亲"。这种民族团结的工作机制非常触动我。除此之外，我印象最深的要数"三进两联一交友"这个活动了，所谓的"三进两联一交友"，"三进"指的是进教室、进宿舍、进食堂；"两联"指的是联系学生、联系家长；"一交友"指的是要和学生交朋友。"三进两联一交友"就是建立在各民族师生之间相互学习、相互尊重、相互帮助、共同成长基础上的一种机制。"三进两联一交友"活动是在新疆让我特别感动的一件事情，当我得知自己参与到学校"三进两联一交友"的活动中时，内心紧张、担心。因为我深知此项活动的意义重大，自己初来乍到，特别是缺少与少数民族学生沟通的经验，是否会导致交友活动开展不好，让学校和同学们对我失望呢？同时我也满怀欢喜与期待，好奇自己会与哪些可爱的学生结缘。记得第一次与他们相识，四位学生无比朴实，都不太愿意说话，但脸上始终挂着真挚的笑容。瞬间让我感到的已经不是压力，而是一份沉甸甸的责任。当时我最大的感想是要与我的学生们以诚相待，在生活上、学业上给予他们最大的帮助，以求无愧于心。随着日后与学生们的一次次联系、一次次见面中，我和我的学生冉子政、靳方方、则巴古丽、如比娜交了朋友。在实实在在的结对交流过程中，我和他们拉近了距离，增进了情感，感受到了幸福，体会到了责任。在援疆工作中真的有数不清的故事、经历和感动，这些感动让我体会到了幸福，也体会到了我作为一名教师的责任感。凡此种种确实有非常多平凡的事情触动着我，当时我在评选自治区"民族团结一家亲"先进个人时，曾写过一篇新闻报道来记录我在新疆的难忘经历。

问： 很感谢您今天跟我们分享了这么多您的经历和故事，我们都能感觉到您对我们母校的情感真的很深。

答：我对整个美院，特别是老美院确实有这种情结，当时研究生毕业之后就决定赖在这儿不走了。并且这次去新疆也对我锻炼很大、帮助很大。我现在觉得真的有可能一直干到退休都离不开美院了！

访谈案例六

访谈对象：何君（基金会资助人员、教师、校友）

问：何老师您在 1996—2000 年期间在美院的设计学院读书，您进入央美学习有什么机缘或者情结吗？

答：想起我进入美院学习的经历，确实是由很多的机缘促成的。不过感觉我的经历都是顺其自然的，因为从小时候学画画，初中、高中我在青岛上的是美术学校，在青岛六中读书。高考的时候就报考了两所院校，一个是中央美术学院设计系（当时还叫设计系），另外一个就是清华美院的环艺专业。当时就报了这两个，自己也比较幸运，两个学校都通过了专业考试，所以后面就面临选择。这两个方向一个是美院的新专业叫装潢设计，另外一个就是清华的环艺。一个叫装潢，一个叫环艺，听起来感觉好像是一回事儿似的，但是其实进了学校就会发现这两个专业完全不同。我当时面对这两个选择，思前想后最后还是决定来美院，这两个学校的人完全不一样：老师不一样，学生数量也不一样。我记得当时清华环艺那边我所报考的专业方向是几十个人，而美院这边是 10 个人。当时美院是 1995 年建的系，我正好是 96 届。我们那时候上学，一般情况下一个班里最多 10 个人，但是我们班是 12 个人，这 12 人里有两个留学生。

问：感觉您进入中央美院确实非常有缘分，当时确实要做出一些比较现实和困难的选择。

答：确实，当时也挺难的，因为要从两所优秀的学校中做出选择。后来我觉得美院装潢设计是一个新的专业，肯定会有一些不同的东西在里面，所以我就来到这边。现在回想起来，我确实非常幸运。

问：那您最开始是因为什么喜欢上画画的？这之间有什么特别的巧合或机缘吗？您一开始接触到艺术领域有什么故事吗？

答：这对我而言是顺其自然、非常合理的事情，我从小就喜欢画画。小时候没别的事情，作为一个男生，就画一种叫"烟牌"的东西，你们这个时代应该都没有了。烟牌就是小小的牌，上面经常印有《三国演义》等历史故事的人物形象。作为一种彩色印刷品在我们小时候非常罕见和稀缺，所以经常和同学、小伙伴在院子里玩烟牌。那时候特别喜欢里面的人物造型，然后自己就开始临摹，画完了之后就有别的同学觉得我画得不错，然后就让我帮他们画。那时候时常被小伙伴围着让我"来个赵云""来个黄忠"。这些偶然的机会，慢慢地让我发现自己在这方面可能还有一些天分。大概就是这样，我从小对于画画的兴趣是非常自然的。

我记得当时来美院面试的时候，面试老师就问我是怎么理解这个专业的，我说我觉得这个专业大概是跟艺术有关联。我当时刚考进美院的时候，这个专业叫"装潢设计"，毕业的时候这个专业改名成"平面设计"。到现在我在美院教书，这个专业的名字变成了"视觉传达设计"，名字一直在改变。当时选择这个方向的时候也是稀里糊涂，就觉得这个方向可能还不错就报了，后来真的感觉很幸运。

问：那您在美院的求学经历中，大学生活是什么样的呀？您在读书的时候，有没有参加过学生社团活动等校园活动？

答：我是 1996 年进入美院，是设计学院的第二届学生。当我入校的时候，从火车站下车就打了一辆出租车来学校，到了发现是电子元件二厂，万红西街 2 号。整整四年，一直都在二厂的中转地上学。我有些羡慕设计学院的第一届学生，就是 1995 年那一届，他们进入这个专业的时候，还是在老美院。而我们的下一届就搬到了新校区，花家地校区。我们应该是设计学院唯一的四年全在二厂的一拨学生。当时的生活和学习环境其实相对比较艰苦一些，因为毕竟是中转办学。所以我和其他同学基本上是两点一线：上课的地方在万红西街 2 号，把从二厂租的厂房作为教室；住的地方是在砖厂宿舍，经常是骑车两点一线往返。在学校待的最多的地方应该就是图书馆。

之前也提到，因为当时我们是一个新的专业方向，因此很多教我们的老师都是一些造型专业的老师。绝大多数老师都是版画老师，如滕菲老师、谭平老师、周至禹老师，还有一些其他从海外留学回来的老师。当时选了这个专业方向之后，发现教我们的都是造型专业的老师，我们就很失望，觉得我们报考的设计学院好像不是设计学院，当时一个班 10 个人，全校加起来，这一届可能也就 80 个人，然后分在八个方向。当时我们还找学校去反映，说我们要学一些跟设计相关的知识。最后教我们的老师说，你们学的不是设计这个东西，更重要的是对于设计的理解，是关于设计的意识，我们更希望你们在美院这种深厚的艺术教育传统氛围下去理解设计、进行设计。因此我们当时就一直按这个思路往下学。我非常庆幸，因为当时选择了美院，它更侧重培养人的整体能力和整体素质。

问：感觉您确实是比较特殊，一直在那个中转的地方上学，生活条件确实比较辛苦，既没有在老美院感受到传统的氛围，也没有到花家地新校区去感受新的变化。

答：确实，我们是最苦的一届，但是也特别幸福。我们是美院设计学院第二届，之前一些重要的设计项目都会找清华美院，甚至是北京艺术设计学院、服装学院等，因为大家当时普遍认为这些学校才是学设计的。当美院有了设计学院之后，很多项目、很多人也会抱着试一试的态度找过来，所以我觉得我们那几届的同学机会还挺多的。我们除了在图书馆之外，主要参加了各种实践类的竞赛。我记得当时在二厂的走廊上经常有一个布告栏，布告栏每星期都会贴上几个竞赛类的征稿通知，当然学校也会经常组织。我记得有一次回宿舍，当时有一个做自行车设计的厂商找到我们来做，之后我们就开始进行创作。比赛中会有收获、有提高，当然也有一些回报。我印象中我的第一辆自行车就是通过这次竞赛得到的。那是一辆当时非常先进的自行车，是一个全新的品牌，并且带弹簧的。之后跟班里面几个同学基本上包揽了所有的竞赛，至少是校内公示过的所有设计类竞赛。所以我的大学生活非常充实，一直在做一些实践。

问： 听到您说的一些经历，让我们特别向往。那在求学经历中还有没有其他的让您记忆犹新的经历，或者说有没有印象深刻的同学、老师以及跟同学、老师之间一些珍贵的记忆或者故事？

答： 我现在能想起来印象最深的是快毕业的时候，那时候正好赶上中华人民共和国成立50周年大庆，学校在做50周年大庆展览彩车的设计。我印象中那是大学期间唯一一次去老美院学习、做设计，待了大概有两个星期的时间，天天和班里同学连轴转，熬夜做展览设计，那个是印象最深的。那是唯一一段在老美院待着的时光，现在回想起来这段经历还挺难得的。

问： 刚刚您提到一开始进入设计学院装潢设计专业，教你们的老师都是一些造型专业的老师，那让您特别感念的老师是哪位？

答： 这些教我们的老师完全不一样，我觉得有点儿像我们今天的教学改革，打破专业之间的壁垒。当时教我们的设计老师分成两类：一类是站在艺术的角度去看设计；另外一类是从海外留学归来的老师，他们是站在西方的纯粹理性的设计角度去看设计。虽然这个专业是新办的一个方向，但恰恰就是需要站在两个角度来看待和思考这个问题。在今天我们其实也在强调艺术加设计带来的新的可能性，而不是单纯地在某一个领域内。所以教过我的老师我觉得对我都挺有帮助的。比如站在艺术的角度去看设计的老师：谭平老师、宋协伟老师、周至禹老师、滕菲老师，站在西方纯粹理性的设计角度去看设计的老师：肖勇老师、江黎老师、航海老师。

因为我们那时候老师很少，所以我们跟老师的关系都特别亲近，每天都能见到，并且大家都在一个食堂吃饭，吃完饭回到教室，旁边儿就是老师宿舍。如果有问题需要沟通、了解、学习，就可以直接去办公室敲门进去跟老师聊天。因为那时候人少，我们这一届12个人，老师的数量差不多也接近这个数，因此基本上就是一对一教学。在那个时候就会感觉自己选对了，因为同样去清华的话，一届可能有两个班，一个班40人左右，两个班得有80个人，人非常多。我们这一个学校这一届总共才80个人，感觉就像小班教学。

问： 您大概的工作经历是什么？有没有比较重要的节点？在您的职业发展过程中，母校对您产生了什么影响？是什么事情让您决定重新回到美院，成为一名教师呢？

答： 我感觉我这个人比较"傻"，没有考虑很多。因为喜欢这个专业，当时毕业的时候有那么几个选择。那时候找工作跟现在不太一样，工作特别好找。毕业展展完之后，外面有一群公司的人等着，就说你来我们这儿吧，薪水是多少，恨不得在门口就去签订合同。第一类选择是去广告公司，第二类选择是去报社、出版社，第三类选择是去学校教书，第四类选择是去设计公司。当时的情况是这样的：这几个选择的待遇、时间、条件是完全不一样的。从薪水来看的话，设计公司大概能领到一个月8000块钱；广告公司可能是5000或者4000块钱；中国日报社可能又减了一半，大概是

2000 到 3000 块钱；在这里面最不好的选择是去当老师，当时一个月 800 块钱。面对当时的这些选择，我又犯难了，这几个其实都还行。自己没有工作过，只是读书阶段有过实习的经历，所以首先肯定的一点是设计公司我不太想去。在大学一年级结束的时候我觉得自己可厉害了。你们可能没经历过，90 年代的时候，全北京市苹果电脑没有几台，当时我们中央美术学院设计学院有一个电脑美术工作室，那是北京市非常富有的地方。因为里面一台机器十几万元，甚至接近二十万元，当时机房里面有十多台。我们在大学一年级的时候还不太懂，等上完基础课的时候直接就学了电脑美术。当时觉得大家摸都没摸过苹果电脑，而我很多软件都会用，就觉得自己特别厉害。我觉得在学校学到的东西一定要放到社会上进行检验，所以我记得在大学一年级结束之后，觉得自己有技术，专业能力也不差，在班里面排名也很靠前，数一数二的，因此我就去做了一个兼职实习的工作。去实习的时候主要经历了两件事情，第一件事情就是公司让我做代理国航的相关设计服务。我印象中一个下午，对一个包装盒的设计我绞尽脑汁做了三个方案，结果没有一个方案通过。第二件事情是公司代理的一整个展览的设计，要把那个海外的展览复刻到国内，所以需要把所有的印刷资料、物料进行汉化。我觉得我会那些软件，包括出片都可以做，所以就开始做这个项目。当时是靠菲林来做，所以成本也比较高，因此那个公司的项目成本不断提升。如果一个有经验的人可能一次就搞定了，但是我做了十几遍，当时那个公司的负责人特别好，知道我们学生没有实际的经验，不知道怎么跟印刷进行对接，所以专门找了技术培训的人，等于我又进行了校外的培训。在校外大概做了半年的实习，我已经比较熟练地掌握了印刷技术这种技能，有什么想法可以很快实施出来，另外也明白了实际项目在操作中应该注意哪些问题。

因此当我再回到学校的时候，就知道自己应该有重点地去做哪些事情。等到我毕业找工作的时候我就首先想到了这一点，我自己知道设计公司要做什么，并且怎么样去做。但是这显然不是我想做的事情。所以后来就是在剩下的三个选择里面选择，特别犯难，第一个是广告公司，第二个是中国日报社，第三个是工艺美校，这三个都可以解决户口、编制的问题。

当时我的导师宋协伟老师跟我说，我现在需要的是时间，我应该让时间慢下来，不断地打磨自己，这才是我最需要的。因为我是喜欢这个专业，而不是把它单纯当作一个工作。宋老师劝导我之后就很清晰了，虽然当老师条件最普通，但是这个确实是我最需要的。我最后选择了第三个选项，去北京艺术设计学院教书。我工作的时候叫北京艺术设计学院，现在应该是叫北京工业大学设计系。当时在北京如果要是说跟设计圈有直接关系的话，老牌的肯定是清华美院（当时叫工艺美院）；中央美术学院设计系是新的；另外一个有历史的就是北京艺术设计学院，这三所学校是最强的。

一方面我在学校当老师，另一方面我知道自己肯定还有其他事情要做，一是教设计，二是要不断去做设计。在北京艺术设计学院当老师的时候，在中央美术学院广告公司做设计师。这样的状态大概持续了五年左右。2003 年，我跟中央美术学院设计学院 98 届的同学，也是我很久之前就认识的朋友，现在的设计学院的刘治治老师，还有广煜，我们三个人，开了当时的 MEWE 设计公司。2005 年的时候，正好中央美术学院需要在奥运会设计方面竞标，当时主要是跟清华美院竞标。所以我 2005 年的时候被调回了美院，参与设计了奥运赞助商手册、奥运色彩系统等。

我的经历大概就是这样：2000 年毕业后在美校当老师，2003 年开设计公司，2005 年被调回中央美术学院，2008 年左右就把那个公司解散掉了。我觉得我自己感兴趣的还是在设计本身，对于设计公司经商可能不太感兴趣。

问：您觉得在美院学到的哪些技能对您的人生和事业发展非常重要？

答：我觉得不应该说是技能，技能这个事情不是很重要，我觉得更重要的其实是一种精神，就是美院应该具有的内在的东西。中央美术学院作为一所百年美院，拥有百年校史。因此美院的人应该对艺术拥有一种执着、一种坚持和一种追求，在我看来，这个才是美院最重要最核心的点。我觉得在美院里学到的其实不是技能，而是如何对待你自己所热爱的事情，是否可以一直坚持下去，这才是最关键的。所以大家对于艺术应该保持永远在路上的状态。

我在做《百年美院百年美育：中央美术学院校史图志》设计，整理图志的时候看到一段史料，特别有感触。就是80年代的时候广军老师等中青年教师举办了一个展览，当时整理资料的我差不多也是80年代的广军老师的年龄。他们做的那个展览叫"半截子展"，在展览前言中解释之所以叫半截子，是因为老先生说他们是生不出蛋的鸡，说白了就是老先生觉得他们基础不牢，年轻的老师就觉得他们太老气，没有冲劲儿。但是当时那群中青年为什么要办这个展览呢？我觉得其实他们想表达一种东西，就是他们可能没有老先生那么深厚的功底，也没有年轻人那种朝气，但是拥有的实际上就是对艺术的执着和坚持，这才是美院最重要的东西。

问：作为美院的教师，您觉得自己在未来的创作生涯和个人发展中，美院还能在哪些方面给予支持呢？

答：之前我提到，我是2005年从美校调回美院当老师，都是当老师，其实有很多相同的地方。但是美院跟美校其实还是存在很多不一样，美院会站得更高、看得更远。同时，接触的学生也不一样，美院的学生会更有活力。我觉得对于一个喜欢设计的人，最喜欢干的事情就是跟大家交流设计、探讨设计，这是说多少话永远也不嫌累的事情。我觉得在美院的这个环境中，最重要的就是和更多的人接触，不管是老师还是学生，以前认识的还是刚刚认识的，大家在一起交流、学习。我最看重的是人和人所营造出来的氛围，整个美院的氛围是最关键的。

问：通过您刚刚的描述，我们能感受到从二厂时期到现在大家在学校里的状态是很不一样的。那么，对于现在的学生来讲，您觉得学校能够给予哪些支持呢？

答：学校对学生成长的直接帮助有限，学校提供的是平台。学校的目的是把最优秀的老师、学生聚在一起，形成思辨、多元、开放的氛围。但在学校，最重要的是自己对专业的热情，同时在思考中形成自己对事物的理解和定义。学校最热闹的地方是图书馆，不仅可以看书，还可以结识伙伴，与身边的人一起讨论某一话题、某一专业，不断去沟通、去理解。

刚才我们也提到技能的问题。知识不是在学校才能学到，我们可以教，但是能够获取知识的途径实在太多，只要你对一件事物感兴趣、有动力，上网检索就能学到。美院最重要的就是开放的氛围。我觉得对于我们现在要解决的问题，单纯的设计或单纯的艺术都是不够的、片面的。你看设计学院的教改，目的就是让来自不同专业、不同观念的老师互相启发，学生自主判断选择，形成自己的一套标准。所以学习不应该是局限到某一个特定专业里面进行训练，而是应该对于学科有更加开放的理解，对于综合设计概念有一定的认知。当然，初学者通过理论基础、批判性思维、学术视野、创新能力等训练来进行知识储备也很重要。只是一切的前提都是自己的动力和学校的氛围，然后才有对具体工作的研究，才能够发现问题、解决问题、服务社会。

问：您觉得在我们这个时代，学生的慈善公益精神应该如何去培养？我们应该如何去鼓励学生关注这方面的内容？

答：我前不久还在和研究生讨论，发现他们好像活在真空里。经常我们会面临几个问题，其一是不明白做这些事情的原因，其二是太会解决问题，但其实所做的事情与外部的真实世界是无关的，完全是在一个真空状态下，或者仅仅是停留在自己身边的事情，比如设计选题中经常出现的爷爷奶奶的日记、家庭琐事等。

无论是设计还是艺术，我们学校其实都有服务社会、服务国家的传统。设计不应该是一个简单的事情。我们要从更大的角度去看待、理解问题，应该思考能用设计为这个社会、为这个时代、为自己、为同龄人做些什么。学生要有一个清醒的认识：你不是个挣钱机器，你不是一个工具。你真正想要做的事情，只有你能做，你要奔着这个方向去做。

记得我刚毕业时，一个国外的设计评论家采访了当时业内顶尖的100个工作室，想知道设计师究竟是一个什么样的行业。答案千奇百怪，有的说自我满足，有的说挣钱，等等。所以回到起点，在专业上你是要坚持别人已经说出来的东西，还是有自己的理解。重点在于你怎么思考、怎么去做，它就会变成什么样。在设计圈有两种态度，一种叫不值得，一种叫尽全力。很多设计只是为了迎合某一种标准和价值，因此产生了问题。但我自己在设计实践中，一直都按自己制定的标准去做到最好。在我看来，当明确知道自己要干什么的时候，就不存在另一种态度。就只有一种，就是尽全力。年轻人，我觉得最主要的就是不妥协。

问： 母校即将迎来建校 105 周年，母校最令您自豪的是什么？

答： 母校让我最自豪的地方是中华人民共和国成立以来的重大题材，如国徽、人民币、奥运会等，都有美院的师生参与其中。我觉得为国家、社会做出特别重大的贡献是美院很重要的特征。记得当时在礼堂看《百年美院，百年美育》纪录片时，我非常感动。

新的百年到来，继承、发扬美院精神需要老师、同学们的责任和担当。在进行学生毕业答辩时，我有时候会对一些作品生气，觉得大家花了大量时间完成的东西，看不到投入。忘记自己的底线是最可怕的，他们没有用美院人的身份要求自己。美院出了这么多大师，我们做的事情不能给美院丢人。美院人都应该有这种自觉性，应该要求自己成为新百年的担当者、助力者。

问：设计师的成长过程是很漫长的。您曾获得第三届"靳尚谊青年教师创作奖"，请问这对于您的个人创作与教学生涯具有怎样的意义？您觉得青年、时代和创作的关系是什么？

答：记得我在当时获奖感言中说，自己得这个奖很惭愧，因为已经不年轻了。但我认为这个奖项对于每一个在校的老师都是一种肯定，毕竟是以院长的名字来命名的。新百年要靠年轻人来推动、发扬美院精神。如果这个奖能够一直举办下去，更多人能够得奖，这肯定是一个很大的激励。

至于说到创作，我认为任何人在创作中都不是完全真空的状态，一定跟整个环境、时代背景有关。我是学平面设计的，平面设计老师很重要的一个特质就是他可以很快发现一个东西是不是有原创性，是不是有时代价值。我们在创作中很注重如何跟时代、技术、社会的发展进行连接，同时也考虑如何从自己内在去发掘这些东西。

创作的两个方向，一个是外部的大门，一个是内部自身的条件。这里面都少不了永远保持年轻的状态。对于我自己来说，虽然年龄较大，但是对于设计的热情不会比任何一个人少，我非常享受创作的过程。

问：作为美院的一名教师，您对美院的未来有什么期待？在学科、人才、师资等各方面发展有什么建议？

答：我觉得对于美院来说，最重要的是新的百年如何继续保持一流的专业、学科和学术影响力，培养更多的人才服务国家和社会。这其实是美院一直以来的传统，谈不上是对美院的期待，只是希望所有美院人都能够尽自己的一份责任和力量。

问：如果学校设立教师发展专项资金、学生奖助专项资金、学校建设专项资金、学科发展专项资金，您倾向于支持哪些项目呢？

答：都支持当然最好，但如果非要选的话，我认为和人才相关的项目是更重要的。教育的目的是培养人才，我倾向于支持人才培养的项目。

访谈案例七

访谈对象：高鹏（学校理事会理事、校友）

问：您进入央美学习，有什么机缘或情结吗？

答：我是 1999 年备考，2000 年入学的。中央美术学院无疑是中国最好的艺术院校。所以我很早就下定决心，希望自己可以考进中央美术学院。

问：您在美院学习、生活过程中有发生过比较有意思的事情吗，或者有什么想跟我们分享的故事吗？

答：那个时候的学校还是在二厂，也就是当时的美院临时过渡的一个校址。我们当时住的地方是在花家地的一个小区里边，学校租了小区里边的一个民房当学生宿舍。所以我们要骑自行车上学，要骑最少十几分钟才能到二厂。我特别喜欢那个时候的中央美术学院，因为当时整个校园环境特别自由。显像管二厂夹杂大工业和现代艺术的气息，既冲突又相互融合，很多学生把作业随便往校园一丢，杂乱而富有朝气。主教学楼的一层走廊改造成展厅，展览开幕时，整个走廊挤满了人，大家都渴望新的艺术，新的一切。那个时候学校门口还有一个小咖啡店，咖啡店还卖一些学生们自己出的期刊。我记得有一本杂志叫《下半身》，那时真的觉得这才是艺术学校应该有的样子。设计学院基础部有一门"捡垃圾"的课程，大家满工厂捡垃圾，老师就是培养我们对材料的敏感度。我那时候在广播站还做过两档节目，早间节目叫《早安，美院！》，午间节目叫《卡布基诺》，好像在中午还做过英文节目，放自己喜欢听的歌。中央戏剧学院有一个黑匣子空间，我没事就跑过去看他们的实验剧。中央戏剧学院、北京电影学院的学生也跑过来看我们的展览，参加我们组织的一些沙龙、读书会。虽然在别人眼中学校破破烂烂的，但我就觉得特别自由，大家都过得很开心。学校特别鼓励国际交流，我在大学里面交换了很多个学校。二年级的时候是去韩国弘益大学和日本的武藏野大学，三年级的时候学校的国际交流也特别多，每个学年不同的国家交流项目，去不同的学校学习。中央美术学院设计教育不差的，我们的想法、创意，还有我们的表达，跟一些知名院校相比没差到哪儿去。人本身的创意和想法，其实一点都不落后，差距是离开校园后大设计环境和配套设施跟不上，其实当时学校教育理念是非常国际化和前沿的。这些事情其实都在鼓励着我，往后做很多事情都遵循着自己的内心和直觉，可以更加开放、自由、坚定地去做很多的事儿。

问：您在校期间是否收到过来自学校师生或者社会的奖励和资助呢？比如各项奖学金之类的？

答：最大的奖励应该是毕业的时候拿到的。当时我毕业设计一等奖，学校奖励了"冈松家族"一等奖学金3万块钱，还奖励了一只镶嵌有四颗钻石的雷达表。奖金我留着租工作室了，雷达表送给了父亲。

问：那您当时最感念的老师是谁？能给我们分享一下相关的故事吗？

答：我最感念的就是谭平老师。我印象中，当时好像还不叫设计学院，应该是设计系。当时我们这些学生分成了各个工作室，在一年级下学期就要进工作室跟导师学习，大家刚刚考上来不久，都是各个省市的尖子生，对自己的专业都挺骄傲的。所以我觉得自己有很多选择。其中一个选择是谭老师的十工作室，进他工作室的时候，我还问过他一句话："我选您的工作室，您能给予我什么？"因为当时学校的制度是双选，我们选老师，老师也选我们。我记得谭老师说得特别好，它影响了我的整个学业生涯。谭老师当时说："其实我教不了你什么，我能教的在一年级的课里，该讲的都给你讲了，但是若是你进了这个工作室，如果你对什么领域感兴趣，我会找到这个领域最好的老师，来给你们上课。工作室其实是一个学习平台。"就是这个回答，让我觉得这个老师很真诚。也正是他的这个回答，开启了我专业学习的重要转折，我重新思考学习的意义。工作室不仅仅是跟着一个老师学，而是工作室给你提供了各个方面的条件和平台，让你有机会去接触各个领域的一些优秀的人，然后进行学习。就是这句话直接影响了我后面三年的学习观和学习的态度。我觉得这是我至今都对他很感念的地方。

问：您的工作历程是怎样的？是否经历过重要的节点或者转折点？

答：2004年，刚好赶上了北京奥组委要筹备2008年北京奥运会。北京奥组委借鉴2000年澳大利亚悉尼奥运会的经验，形象设计方面选择和高校合作。我当时一边在央美读研究生，一边在做班主任，学校把我以青年教师身份推荐到奥组委，经过多轮选拔，最后入职奥组委工作。最终，奥组委从中央美术学院、清华大学美术学院共选择了4位教师，组建了最早的2008年北京奥运会形象景观处。我非常有幸全程参与了从吉祥物、奥运口号、体育图标、奥运奖牌到奥运火炬的设计管理工作。奥运火炬的全球征集及评选是我独立负责的项目，真的是开阔了眼界，锻炼了能力，每个月都要和全球专家开会讨论，从火炬的内燃工程到外形设计，都要迅速学习积累知识。奥运会时我又担任景观副经理，海量的设计项目集中爆发，既要不出错，又要保持所有设计在一个国际化水准，是对我最大的挑战。奥运会的工作经历，对我而言就好像是读了一个社会研究生，而且导师是世界各地奥组委的设计总监，每个月都要和他们开会，学习往届奥运会的设计经验，那是一段难忘的工作经历。我研究生毕业之后，就留在了奥组委继续工作，然后一直做到2008年北京奥运会、残奥会结束。

2008 年北京奥运会结束后，奥组委可以给我们分配工作，很多同事都留在公务员系统继续工作。但是我最后还是放弃了做公务员，选择继续读博。读博的第一年还是回到了美院，师从时任设计学院院长的王敏教授，继续深造学习。读博第一年，王敏老师先是安排我做 Amy 老师（AGI 国际平面设计联盟亚洲总监）的助教。第二年，协助学院和王敏老师一起筹备被喻为设计界奥林匹克的 "Icograda 国际设计师大会"，这个项目也就是现在 "北京设计周" 的前身。做完这个大会，我就觉得自己做了太多的大型项目的管理组织工作，闭着眼睛就是各种活动细节。当时，我就向王敏老师提出要出国留学的想法："想去纽约或者伦敦，什么学校都可以，但是就不想再去做项目了。" 当时，刚好伦敦艺术大学的副校长 Chris Wainwright 来中国和中央美术学院做学术交流。王敏老师就帮我和 Chris Wainwright 校长打了个电话，说有一个博士生想推荐给他。我至今都忘不了，Chris 对我说，他只给我 15 分钟的时间，在亮马桥的 Westin 酒店见面。那是我第一次进 Westin 酒店，还是在自助早餐区找到他，用 15 分钟向他介绍了我自己和作品集。当时 Chris 校长喝了一口咖啡，说伦敦艺术大学已经开学了，很难再帮我找到一个博导。不过他可以做我的博导，但是他很忙，需要我有自主学习能力。于是，我就这么幸运地拿到了这个 offer，当时我还没有 GRE 和雅思的成绩。Chris 校长特别安排我去找了伦敦艺术大学的北京办事处，参加伦敦艺术大学的一个内部考试，只要通过这个考试，就可以申请学习签证先去英国。就这样，在短短几周内我迅速办完了所有留学程序，拎着一个包就匆匆到了英国。

入学后，才发现英国的博士跟我想象的不太一样，很多的博士都是从人类学、社会学等学科转过来的，而且年龄都很大。他们下了课之后就会去买菜，或者接孩子，而且文科博士大部分要将近五年以上才能毕业。在英国待了半年，我就在重新思考这个选择到底对不对。

2011 年，我回国探亲，有一个机会认识了中国艺术研究院中国艺术研究推广中心的张子康老师，他当时也是今日美术馆的馆长。本来只是想有一份兼职，没想到自己非常幸运地赶上了中国民营美术馆发展的高峰期。去了美术馆之后两三个月，张馆长就提拔我做了副馆长，然后就从行政、展览、馆藏、宣传，一个一个岗位开始负责。后来，张子康馆长去新疆做了文化厅的副厅长。今日美术馆又换过一个馆长谢素贞女士，她曾任台北当代美术馆和中央美术学院美术馆的馆长，但是她仅仅做了半年多就离职了。短短一年间，今日美术馆换了两任馆长。当时的美术馆理事会，就决定让我来做今日美术馆的第三任馆长。就这样，我在今日美术馆整整做了十年。其实，在我自己的人生规划当中，从来没有想过自己会在一个美术馆工作，正好在这个时期中国的美术馆蓬勃发展，文化地产大繁荣，美术馆和策展行业进入公众视野。那个时期，在中国是不可复制的，我正好赶上了那个时机。

问：您现在已经又回到高校工作了是吗？

答：是的，2020年加入了北京师范大学（简称"北师大"）。2019年北京师范大学计划筹建一个面向未来的设计学院，因为北师大之前是没有设计学科的，学校在教育部的特批下，决心要在南方打造一个和北京完全一样的双一流的高校校区，被称作"一体两翼"，同样规模、同等水平的南方校区。当时，北师大领导找了很多美术学院和设计学院的资深院长进行推荐，经过一年的推荐和考察，最后北京师范大学选择我做设计学院的创建院长，并将学院命名为"未来设计学院"。

问：您在工作中是否想过需要母校的帮助？或者您觉得您的工作和学校有哪些结合点呢？

答：我觉得我一直处在艺术的文化领域当中，其实中央美术学院的毕业生有一个得天独厚的优势，很多重要的艺术家、设计师其实都是我们的校友。所以在我之前的工作当中，其实非常受益于我是央美的毕业生身份。央美的老师还有我们的学长、学弟、学妹，在这个行业里起到了至关重要的作用。所以我觉得读一所好的学校，对我们自己的人生、职业的规划、人生价值的实现等就是最大的帮助。要说工作和学校有哪些结合点的话，我在今日美术馆的时候，无论是老师还是学生，只要是中央美术学院跟我提出来要求的，我都尽最大可能去支持。

问：您觉得在央美学到了哪些比较具体的技能，对您的事业发展乃至人生都有比较大的意义呢？

答：技能其实很难说。我是 2000 年入学的，2004 年的时候，谭平院长提到一个大艺术、大设计的概念。他特别反对我们自己学一些非常具体的软件或是一些技能。因为那个时候我们的学费是 12000 元，但是学一门软件的费用好像只要 700 元。所以当时我们在一年级的时候就要经常去摸材料，上很抽象的基础课。我读高中时是班长，成绩是最好的，很多成绩不如我的同学考了清华。在清华他们都已经开始接活儿了，但是我还在天天"捡垃圾"，培养对材料的敏感度，听音乐，画画。我们肯定心痒痒，觉得人家都赚钱了，我们还不知道在干什么。于是我们自己偷偷地学软件，后来谭老师跟我们讲，你花 12000 元在央美上学，为什么要去学一个只值 700 元的课程？你上大学的意义是什么？其实它培养的是学生的综合能力，学生将来应该去做一些艺术和设计领域的管理者。

我觉得我是这个教育理念和这个教育系统的受益者。无论是为奥运会工作，还是在美术馆工作，我一直在从事文化行业，或者是相关领域的一些管理性工作，不是仅仅自己做事，而是团队一起去实现艺术理想。

问：那您觉得在未来的发展中，母校还能在哪方面给予支持呢？

答：母校越做越好，就是对我最大的支持，无论我走到哪里，我都可以非常骄傲地说我是中国最好的艺术院校毕业的学生，能让我有坚实的后盾。

问：您觉得对于学生来讲，他们最需要学校给予什么？或者说社会最需要大学生练就什么技能呢？

答：尤其作为艺术生来说，最重要的是视野、素养和审美。这不是一个短时间内能够学成的东西，需要不断地去看好的东西，培养分辨的能力、观察的能力，有好的审美，需要时间去做好的平台。但是很多学生在读书的时候意识不到这一点，更在意的是一些具体的、马上就可以得到的技巧，等毕业的时候才意识到什么是最重要的事情。

问：您最想对现在的学生说什么？如果重新回到校园，您最想做好的或者是重新弥补的是什么？

答：我想对现在的学生说的话就是好好享受大学本科四年的生活，好好学习，好好恋爱，你没办法再去重读一个四年，给自己制定一个大学的目标清单，一件件去完成，然后就不留什么遗憾了。

问：如果有机会，您是否愿意与学弟、学妹建立联系，力所能及地对他们的学习和生活进行指导帮助？

答：现在北师大有一种制度叫作书院制，学生进来之后，一、二年级先进书院在书院学习，所有的老师都要在书院做导师，不分专业，所以他们在这四年里面有什么困惑都可以来找我，就有点像那种大学的人生导师。所以我觉得如果美院的学生需要的话，我非常愿意去做这个工作，尽我所能，知无不言。

问：母校即将迎来建校 105 周年，您觉得母校最令您自豪的是什么？

答：母校一直让我非常自豪，我印象当中，在我刚入学时，靳尚谊院长在开学的时候说近百年的中国艺术史其实就是中央美术学院的校史。我当时真的很骄傲，我觉得只有在这样的学校，才有机会参与到中国艺术的历史进程当中，才会有这样的自信心去说这个学校的校史就是中国的近现代艺术史。

我在奥组委工作的时候其实不太适应，因为我们都是艺术生，到政府工作会有很多不适应，中间其实也动摇过。那个时候校长跟我说中央美术学院需要一个更好的设计项目，在人民英雄纪念碑后，中央美术学院需要一个国家性的、具有代表性的项目。听完他的话，我一下子有了使命感。所以，我参与北京奥运会设计工作，拿到的不仅仅是一份工作，而是带着使命，我觉得我是有机会帮中央美术学院拿到更多的奥运会设计的。因为只有中央美术学院这样的高校，才有这种机会去参与，我能够参与其中是非常荣幸的，所以觉得很自豪。央美一直带给我的观念就是："你们是中国最好的艺术院校的毕业生，所以你们有机会成为中国在这个行业和领域里面最好的人。"

问：作为学校的第一届理事，您近期最关注学校在哪些方面的发展呢？

答：其实我非常关心学校的校友建设，央美的校友是我们最大的资源，我们的校友本身构建了文化领域的一个基本的核心。所以我作为第一届理事，特别希望学校能够团结这些校友，给校友强烈的回家的归属感，这些知名的校友本身就是学校理事会、基金会发展的一个核心资源。

问：如果学校设立教师发展专项资金、学生奖助专项资金、学校建设专项资金、学科发展专项资金，您倾向于支持哪些项目呢？

答：我对教师发展专项资金是很有兴趣支持的，因为我现在就在北京师范大学工作，一直在做教师培养的工作。我在去北师大之前还报名了美丽中国的一个乡村支教工作，但是我自己到了北师大之后，越来越意识到，其实一对一的帮助是不够的。所以我觉得培养教师和资助教师是最重要的一件事情，它是一个种子工程，帮助教师就像撒了一把种子，老师们受到帮助了，他们以后也去帮助他们的学生。

访谈案例八

采访对象：岳洁琼（学校理事会理事、教师、校友）

问：作为央美理事会的成员，能先和我们分享一下您当初为什么会选择进入央美学习史论专业，有什么机缘或情结吗？

答：我是人文学院美术史系比较早的毕业生，现在也是学校教育发展基金会的理事。很高兴接受你们的采访。我本科学习并不在中央美术学院，1990年到1994年，我在河南大学历史系学习。那个时候不像现在大学的录取率比较高，能读大学的人数比较少，中央美术学院的研究生招生人数也非常少。我们那一届的研究生，包括国画、油画、版画、雕塑所有系只有12人，和学校现在的学生规模完全不同。1994年我来央美读研究生时，学校的校址在东城区校尉胡同五号，我只在那里读了一年。1995年，学校就搬迁到大山子北京无线电元件二厂，也就是我们平常所说的二厂。我于1997年毕业，毕业前一年就到学院办公室去实习了，做秘书工作。所以我基本上经历了学校从王府井时期到二厂时期再到花家地校区搬迁的整个过程。我刚到院办实习的时候，靳尚谊先生是院长，我们现任院长范院长是院长助理。我的学习和工作的经历跟同学们或者说跟其他的美术史系学生还是有所不同的。

问：在这几年的央美求学时光中，除了以上您说的环境所带给您的一些记忆，您是否有一些有趣的、记忆犹新的经历？比如说您和同窗校友之间的经历，或者您和老师之间的故事。

答：我刚进美院是在王府井校区，那时我们一个宿舍有四个人，分别是比我高一届的邵彦、周青，还有跟我一起入学的王玉丽，她是李树声先生的学生，研究生毕业后去了美国，之后我们就没有再联系过。但是与邵彦、周青还有比较多联系，因为大家都还在学校。我毕业时，教育部想要扩大高等学校的招生规模，让更多的青年学子有读大学的机会，所以要扩大招生。我们前后几届，包括在我之前的邵彦、周青所在的这一届，基本上前后三届所有的研究生都留校工作了。因为我读研究生二年级的下半年就开始到院办参与工作了，所以我毕业了以后也就留在院办，没有在教学岗位。

我的导师是王宏建先生，王宏建先生当时住在红庙。那时还不像现在大家都有私家车，红庙和王府井之间的距离比较远，所以王先生就把我托付给易英老师。易英老师在学报编辑部工作，他家就在校尉胡同八号旁边的三号院，紧挨着学校，所以王宏建先生就让易英老师上课或者是出去参加研讨会多带一带我。当时学校里学生人数比较少，所以基本上各个专业的学生都互相认识。比如说中国画学院的谢青跟我是一届的，那个时候所有绘画、美术专业的，除了美术史的研究生学制是三年制，他们都是两年制的。后来我不记得是从哪一年开始了，所有的研究生都变成三年制了。现在学校的学生比较多，可能就不见得所有专业的人都熟悉了。

问：母校哪些场景（地方），给您留下了比较深刻的印象和回忆？

答：对我来说，母校的场景是既包括了王府井，也包括二厂，还包括我们现在的花家地。我们之前的校址是在王府井，离协和医院比较近，王府井大街与天安门广场这些地方都是紧挨着的。学校里的空间并不大，教学都是在一栋 U 字楼，所有学生的住宿和办公区域都是在它旁边的 12 层楼里。王府井校址离大华电影院很近，那个时候我们还看了很多电影，刚好是在 1994 年前后才开始有一些国际大片引入国内，我印象特别深的那一年有《真实的谎言》《云中漫步》《泰坦尼克号》这些电影。

那时候老师和学生的关系也是比较亲密的，我们经常和老师一起吃饭，老师很照顾学生。比如跟易英老师一起吃饭，有一种付款的方式叫"抬石头"，就是易英老师出这顿饭一半的钱，剩下一半的饭钱就是我们其他的同学，不管是本科生还是研究生，大家一起 AA 的方式。还有印象比较深的就是去中国美术馆看展览、看演出之类的都比较方便，跟其他的艺术院校的同学来往都还比较多，听以前的同学讲崔健的乐队还在美院的地下室进行排练。这种故事还有很多，那个时候除了学习外，娱乐的方式非常多。我认为现在可能学生跟手机的关系太亲密了，跟同学的关系还没有跟手机的关系亲密，我们那时候还没有手机，只有 BP 机，所以还是跟同学的关系更亲密，很多事回忆起来还是印象很深的。

还在王府井的时候，学校有很多展览都是在中国美术馆举办，我们学校的对外交流做得非常好，所以那几年包括巴尔蒂斯展览、米罗大展等都是中央美术学院合作主办，因为那时候少有机会能看到国外的原作，所以当时对一些好的展览印象也比较深。

问：在您求学过程中，是否有接受过来自学校或者是社会的一些奖励或资助？

答：我比较早就进入学校的工作状态了，而且当时研究生有津贴，我没有接受过其他资助。老师负责的学生相对比较少，比如说王宏健先生那一年只招了我一个学生，他对我的关注度就会不一样，不只有学习上的指导。到了研究生阶段我们都会参加一些有补贴的学术工作，比如易英老师会把《世界美术》上他们需要翻译的一些文章，找研究生来翻译。翻译也是一种非常重要的工作，你只有理解了文章的意思之后才能够达到"意译"

效果，对学生的专业能力提升也很有帮助。那个时候老师也会提供一些给别人做助手的工作，比如曾经有一个国外的艺术机构，也是易英老师给我推荐的，我去帮他们搜集每个月中国艺术发展的一些信息，当时的互联网还没有这么发达，做一些资料整理的工作。比如奚静之老师当时编的一本书，我们会承担一些写词条内容的工作，就会有一些费用。我们读研究生的时候，每个月国家会给发一定的津贴，一个月有几百块钱，当时几百块钱相当于是一份工资的概念了。

问：您在央美学到的哪些技能和经验对于您自己的人生和事业发展起到了很重要的作用？

答：现在我在学校工作的这些技能肯定也和学校的教育分不开。我现在从事的工作一方面是需要具备组织能力，有点像艺术行政。虽然当时美术史系里没有专门的策展专业，但是我在院办时配合范院长做了很多展览，从这些实践里获取了组织工作的能力和策展的实际锻炼。我还参与了中央美术学院 80 年校庆、90 年校庆的准备工作。对于校史资料的整理、怎样处理材料等有一定的经验。虽然我的工作主要是在行政岗位，但我还是一直在做一些策展工作，这也是学校训练了我这种专业能力。此外，很重要的是，我在院办工作时，同时担任学校学术委员会的秘书，跟学校的这些资深专家、资深教授有非常多的接触，他们的言传身教和他们本身的专业能力，给了我很多帮助，让我具备了较好的审美能力，让我能知道如何建立标准，包括后来跟徐冰老师的工作经历等，这是非常有益的帮助。我在比较年轻的时候能在很多大师身边工作，接受他们的一些指导，这种经历是非常难得的。

问：您能否分享一下您的工作历程？母校是否对您的职业规划和发展过程产生了一些影响？

答：我觉得现在时代不一样了，老师肯定也会为自己的学生考虑发展方向，但是现在老师指导的学生相对比较多，就业的竞争激烈程度也有所不同。当时我的导师王宏健先生也考虑过我做什么样的工作。因为中央美术学院跟中国美术家协会的关系一直都是很密切的，所以就业的方向还包括去中国美术家协会、美术杂志等。但是国家突然要扩大高等教育的招生规模，学校就要增加教师数量，所以我们前后三届的同学就全都留校了，这也是一个没想到的巨大的机遇。如果不是国家突然要扩大高校的招生，我不一定能够留校，我们刚好是赶上了这个政策变化带来的机遇。

对你们而言，大的时代、大的环境不一样了，但是不论如何，最重要的是你一定要有自己的专长，有工作能力。这种能力是多方面的，当然要有写作的能力、沟通的能力，还有你的专业能力。不管你学的是什么专业，最终都是专业能力让你形成对于一个事情的处理方式，它的逻辑关系是什么？重点是什么？你能分出来重点和首先需要解决的问题，这种能力是不管你学习什么专业都会得到训练的。所以我觉得就这一点来说，一定要学会从你的专业里提炼出来这种解决问题的能力，对一个事情的判断能力。还有就是一定要学会跟别人合作，拥有与团队其他人协作的能力。

我觉得这些都是我在学校里受到的教育，跟具体学什么专业没有关系。我还要跟大家分享的是，你进入哪个学校，实际上这个学校本身已经相当于帮你遴选了将来可以成为你的朋友或团队的资源。比如说中央美术学院会集了在美术界很优秀的人，它其实已经帮助你做出了人生的一些选择，因为经过了专业的考核，能够到这儿来的都是美术领域的佼佼者。所以要特别珍惜跟同学共同进步的经历。重要的不仅是向老师学习，更是同学之间的学习。同学之间要多交流，这种共同协作的能力都是在跟同学的交流中培养起来的，这是很重要的。

问：您在工作后对于母校的一些变化和发展是否了解过，其中有哪些变化是让您印象最深刻的呢?

答：因为我经历了学校几个校址的变化，从王府井到二厂，又从二厂搬迁到花家地，学生人数已经增加了好多倍了。像我1994年来美院的时候，同学里也有1990年的中央美术学院的本科生，他们说1990年的时候全院招生只招了47个人，可以看出在招生人数上有了巨大的变化。这种变化肯定带来了教学方式上的一些改变，当年中央美术学院的老师人数是超过学生人数的，现在肯定是学生要比老师的人数多了。

但是中央美术学院的精神是没有变的，我们一直说我们没有傲气，但是要有傲骨。因为在央美不同的社会发展阶段，我们所做的工作都是完成国家的重要任务，这些工作需要通过我们的专业能力来解决。不管学校如何变化，它的这种精神性的东西是一直存在的。就像我们学校以前做过一个素描展览，就叫"精神的历程"，其实美院的精神实际上一直没有变，是传承有序的。它的物理形态可能发生了变化，比如校址的地理位置等发生了变化，但是学院的精神还是一直在传承的。学校的变化也是和这个时代发展同频的，它不可能是一成不变的，包括我们的学科也有很多的发展，从过去以视觉艺术为主到现在有多个学科方向。现在每个学校包括其他美院都在发展，而我们最重要的是要保持住中央美术学院的这种精神性的东西，不断地按照我们校训所总结的那样，发展要尽精微、致广大。不管外在的情况怎么样，还是要传承好我们自己学校的这种精髓。

问：母校即将迎来105周年，您对母校在学科、人才、师资等方面的发展有没有比较好的建议?

答：我觉得一个学校里最重要的就是老师和学生。所以从选拔人才上来说，要有优秀的学生，有优秀的老师，才有可能培养出最优秀的人才。

而且人才的培养本身是有客观规律的，有的人可能毕业的时候就已经可以把自己的才华展现出来了，也有的人可能需要经过一段时间的磨炼之后，才能真正地把他成熟的一面展现出来。

我觉得中央美术学院现在的学科建设相对来说已经比较完备了，但是在教学、教师的资源上不同专业还不太均衡。我当然是希望我们在各个学科上都很强，但事实上这是很难的。所以我们应该让已经比较强的学科更有自己鲜明的特色，也要知道自己是在哪方面有不足之处并尽快去弥补。每个学校都可能面临着人才断层的问题，我们学校和其他学校都是这样。央美人才的断层问题在这几年已经显现出来了，一大批老师将要退休，而且这些退休的老师都是资深的艺术家。所以我们学校的 50 岁左右的老师，这些教学的中坚力量是比较特殊的，一方面要出教学成果，一方面还要有自己在学术上的独特性，在国内和国际上都要提升自己的知名度。那么学校应该给他们更多的成长空间，支持他们成长，看看在制度上有什么创新能帮助他们，能够提升他们在国际上和国内的影响力，这样才能让美院作为美术教育的最高学府一直保持领头羊的地位。所以我希望学校能够真正重视对老师的这种培养，有优秀的老师，再通过招生招来优秀的学生，这样的话我们才能保持优势。

问：您对于学校近年来成立的校友联络组织、基金会、理事会，并且积极筹措各种社会捐赠的行为有什么看法？您能不能提一些意见？

答：我觉得学校有教育发展基金会是非常重要的举措。我们国家跟西方的制度是不一样的，欧美的一些国家的学校很多是私立大学，要找到很稳定的资金收入，所以校友会是非常重要的提供资金的来源。像耶鲁大学的校友会和基金会，还有哈佛大学的基金会，在整个国家的基金运作里都是非常先进的，值得我们去学习。我原来在院办的时候，有一些奖学金是通过院办来进行联络的，后来把这部分的职能转移到了学工处。当时有几个奖学金我还是印象非常深的，一个是黄苗子、郁风助学金，这个奖学金是直接免除一部分学生的学费，我印象中造型专业是 5000 块钱，美术史专业是 3000 块钱，这个奖学金直接帮学生们交了一部分学费，我觉得这个对于家庭困难的同学有很大的支持作用。这个奖学金是在很多年前了，那个时候中央美术学院的学费达到了 15000 元，但是跟现在 15000 元学费的概念是完全不一样的，因为那时候收入没有现在这么高。所以这种奖学金对于学生的支持力度是非常大的。另外，像王式廓吴咸奖学金是直接奖励同学可以去国外进行考察，我觉得这对于支持年轻人开阔眼界和进行学术研究也是非常有利的。他们都是提供一个基本的资金额度，由另外的基金来进行运作的，每年可以有利息的部分用于奖学金持续的发放。现在我们学校得到的这种资助还是比较多的，但实际上我们还可以争取到更多的支持。国外的校友会和基金会，他们的这种捐助很多都是来源于校友的支持。比如靳尚谊先生的基金是资助老师给他们办展览，我跟几个老师也曾经沟通过，其实大家还是希望能够把这种善意传递下去。我们也动员了一些老师，希望他们思考有没有可能未来有机会成立自己的这种奖励奖项。因为这些艺术家是从美院毕业的，现在也在学校任教，我希望未来能够有更多的有能力的艺术家，包括曾经获得过资助的这些老师，将来能够继续把这种奖项设立起来，帮助更多的人。

我们的校友会以后可以做更多这方面的工作。现在校友会也有网站，还可以发布更多的相关信息，获取持续的关注。我们也成立了各地方的校友联络处，在河南、江西、湖南等各个省份都有，学校的校友工作办公室或者是教育发展基金会的理事会，可以筹集一部分经费帮助新毕业的校友，对他们早期的发展提供支持。我觉得可能我们更多地需要做一些雪中送炭的工作，可以在同学们比较年轻、需要资助的时候及时帮助他们，以此把这种善意传递下去，使后面的学弟学妹得到更多支持。目前，我们学校有很多老师做了捐赠，而且形式比较灵活。比如在学校建校 80 周年的时候，靳先生带头向中央美术学院的美术馆捐赠了很多作品，这也是一种捐赠的形式，那时很多老师都捐赠了作品，捐赠的量还挺大的，而且都是捐赠的自己的代表作。我觉得这也是今后可以倡导的一种方式。还有像刘小东和喻红，他们把美院历史上一位重要的老教授李宗津的代表作《平民食堂》，捐赠给了学校的美术馆。从学校老师作品的收藏系列来考虑，我们学校还没有这位艺术家的作品，这幅画是刘小东和喻红用自己的作品跟别人换来的，价值是很高的。所以我觉得我们还可以有多种形式，比如说建筑师也可以免费给学校设计几个建筑等，但是首先要对母校有发自内心的热爱才有可能。学校也应该在所有学生的学习阶段或者是工作阶段尽可能地关怀他们，如果有学校能够支持的都尽量给予支持，我觉得这样它才能形成一个良好的循环。

问：站在学生的角度，您认为学校最应该给予学生什么？社会最需要学生练就什么技能？

答：前面我已经提到了一部分，其实很重要的是合作能力。美院的学生有一部分专业天生就锻炼了合作能力，比如说雕塑系，雕塑作品最后的完成阶段就需要跟雕塑工厂的工人进行合作。但是有一些专业，像国画专业、油画专业，很多是一个人独立完成的。在他的学习经历里，可能合作的意识并不是那么强烈。但是我觉得我们学校对学生合作能力的锻炼是必要的。这也是一种跟社会打交道的能力，因为你的作品将来还要通过一定的途径被别人收藏或者和他人进行价值交换，这就需要有与人交往、谈判的能力，包括跟画廊、艺术机构的合作等。像音乐学院的学生可能有合练，体育也有团体的项目，但我们美术行业天生在合作方面就比较欠缺。所以我个人建议是对于合作能力培养不那么强的一些专业，更要在其他的课程里面加强这个板块，让学生有意识地提升自己的合作能力。

问：您最想对现在的美院学子说些什么？如果能重返校园学习，您是否有想做得更好的，或者是有想去重新弥补的地方吗？

答：对我来说，当年我的导师动员我继续考博，我没有考，最近几年比较后悔，有这样一个学习的机会，结果却没有去。我还想对同学们说，现在是终身学习的时代，是要不断地让自己精进、努力学习的时代。于每个人而言，我们的生命周期就这么长，而且人的各种感官能力、记忆力等都是有阶段性的，在年轻的时候理解能力是最好的，所以要在这个时期把基础打得更扎实，在自己记忆力最好的时期去读更多的经典，去看更多的展览，去看世界，增加自己的见识，一定不能浪费光阴。当然大家都说只有经历了你才会知道，我也是因为错过了那些时光，现在觉得后悔。大家不要轻易地去走那些看起来很快的一些捷径，要扎扎实实地打好基础，这个是非常重要的。

另外一个就是一定要在不同的年龄段做这个年龄段应该做的事，但往往人们都是属于事后诸葛亮，错过了才知道后悔。但是在自己的人生经历中，不管你在什么阶段，能够不断地反省是一个可以养成的习惯，阶段性地反思一下自己有没有做到，有没有为了自己的理想而努力等。我觉得现在这一代的年轻人很多不知道自己到底热爱什么。我们这个年龄段的人在年轻的时候都还是能够有理想的，知道自己要追求什么。我是觉得一个人很重要的是要找到自己真正热爱的东西，找到了热爱的东西，才能为它付出时间和精力，也不觉得辛苦。如果没有找到一个热爱的东西，人生就太无聊了。对于美院的同学来说，可能很多人是找到了自己的热爱，都是因为喜欢艺术才来到中央美术学院，这就比很多人幸运了，你起码知道了一个自己可以花费时间和精力的领域。所以我觉得应该养成一个经常反思和复盘的习惯，或者给自己找到一个使命，让自己成为一个真正的人格上比较完善的人，让自己不断成长。

访谈案例九

访谈对象：吴洪亮（学校理事会理事、校友）

问：您为什么报考中央美术学院？

答：我们家没有学美术的，但我从小就爱画画，美院是个圣地。我报考美院有两个特别简单的前提。第一，美院当年在王府井，进入 U 字楼有个校训，这个校训跟现在美院的校训不一样，当时不是"尽精微、致广大"，而是"真诚、勤奋、创造"。特别是第一个词"真诚"，非常吸引我，对我此后的人生是有影响的。第二，整个的校园氛围感觉很宽松，美院人的状态也很独特，对当时的我很有吸引力。

问：您和老师、同窗的哪些经历、母校的哪些场景（地方），给您留下了深刻的印象和回忆，有哪些有趣的故事吗？

答：在我读书的时候，美院对学生很宽容，非常地关爱。当时学校的所有本科生、研究生和留学生可能也就 200 多人，老师基本是同等数量的，所以大家在校园里就像一个家庭。虽然不一定都完全认识，有的甚至没有直接交流，但都眼熟。坐在篮球场旁边的台阶上晒太阳，你会看到心中的大师，各种不同的人在那儿走来走去，特别亲近。老师和学生的交往更像朋友、长辈和晚辈，老师和学生之间的距离在央美一下子被抹平了。大家的交流是平等的，甚至老师对学生的关心也超出了我们的想象。那时候薛永年先生还在带硕士研究生，我听说他会提前到教室，把桌子擦干净，打好开水，然后等着学生来上课，这个现象在其他学校好像很难见到。再比如，那时候美院的宿舍已经很奢华了，本科 4 个人一间。当年的尹吉男先生和我们住一个楼，有时候会到我们宿舍来聊天，从吃完晚饭一直聊到深夜。现在工作中用到的那些不知道是从哪里学到的知识，可能就是在这样的交流中收获的。你如果去向先生们请教，他们都会非常耐心地来对待那些可能很初级的问题。现在的范迪安院长，他当时在教原始美术，其实对于我们来说是进入美院美术史的第一堂课。他还带我们去周口店现场交流。当交流原始美术的时候，我们都感到很亲切。他给我们讲新石器时代陶器上的图形、纹样是怎么创造出来的，背后的含义是什么，它们一点都不遥远，甚至很当代。美院的生活对于我来说其实是一个相对轻松地去汲取知识的过程，有自己发挥想象的空间。有一件事让我印象非常深刻。我记得大一的暑假，我自己去四川考察过，到了大三的时候，学校的考察也是安排去四川。我就和袁宝林先生商量，我已经去过老师安排的那些实习点了，自己对陶瓷特别感兴趣，能不能不去四川，自己用这个时间去河北的磁州窑考察，做一些自己感兴趣的研究。这个请求竟然被批准了。我觉得老师会如此开明地对待学生，是央美这么多年来能培养出这么多好的艺术家和学者的一个很重要的原因，它给予学生很大的信任与自由度。

问：在今年学校的毕业典礼上，余丁教授发言时提到您的一些经历，从美术史系毕业后，您去了印刷照排公司，学习一些基础的印刷技术、生产流程，后来又进入苹果公司培训中心任教，之后还自己创业成立设计、文化公司。您还参与王府井公共艺术活动策划、北京国际雕塑公园建设，如今您成为北京画院院长、知名策展人，在您整个职业规划和发展过程中，母校有没有对您产生什么影响？

答：当然，影响是毋庸置疑的。中央美院教会我们用自己的眼睛去看待世界，用笔进行表达，我觉得这个是最重要的。虽然我本科学的是美术史，后来读过艺术管理的硕士班，但是在入校的前两年还是有绘画课的。而且我特别感谢当年中央美术学院的美术史系在报考的时候，除了要考中国美术史、外国美术史、专业写作，还有软硬笔书法、素描。这些让我找到自己的生存方式，为我以后的工作拓展了诸多可能性。而且那时候学校还有二维和三维的动画软件选修课，我也去选修了。毕业之后，由于种种因素，我和皮力就都没工作。他在咱们美术史系的图书资料室打工，我就到处找工作，做了很多不同类型的工作，现在想起来算是历练吧。总之，在报考美院和学习的过程中，学校对学生独立思考和独立工作能力的培养，给了我后来的人生，特别是在面对困难时很大的滋养与动力。

问：在您如此丰富的工作历程中，是否经历过重要的节点或者转折点？

答：人生的变化常常是偶遇，所谓的转折点只是事后的描述，其实当时你并不知道你前面做的一件事情对你后面的发展有什么影响。我自己在做文化公司时，正好有一些老师要做一个公共艺术的展览，我记得当时是王少军老师找到我，问我能不能支持做一个叫"时空平台——2001 雕塑作品展"的展览，在西单文化广场。当时，范迪安院长是策展人，我提供展览落地服务与出版，公司也赞助了一点。这个展览做完以后，引起了当时北京领导的重视。第二年，也就是 2002 年，我参与了北京国际雕塑公园的项目。因为我做过展览与一些国际项目，当时北京规划委员会的雕塑办就请我加入。我答应了，带了大约 5 个人，用了一年的时间，和大家一起把一块菜地变成一个雕塑公园。过程中我非常疯狂地工作，我记得最辛苦的时候就是最后的两个月，一天能睡三五个小时就不错了，最后那几天基本就没睡。整个公园总规划面积 162 公顷，来自 40 多个国家及地区的 200 余件优秀雕塑、浮雕、壁画作品坐落其间。第一期工程竣工后，也收获了很多荣誉，获得了北京市政府和首都绿化委员会联合下发的"首都绿化美化优秀设计奖""首都绿化美化优质工程奖"，公园被评为"首批十大精品公园"。其间，我主持策划了"半个世纪回顾——北京雕塑艺术文献展"，介绍了从 1949 年开始北京城市雕塑的发展历史，展览在北京国际雕塑公园的展厅展出。这个展览因为要做历史梳理，当时很多老师太忙，最后就落到我这么一个年轻人的肩上。我去找了很多资料，采访了很多前辈，还从中国美术馆借了不少大师的原作。这个项目，促成了后面的两个事情。

第一，因为这个展览和雕塑公园的建造，我认识了当时北京市文化局的副局长，也是北京画院的老院长王明明。后来，他劝我到北京画院美术馆当馆长。这可能是我人生中一个很大的转变。第二，因为做了"半个世纪回顾——北京雕塑艺术文献展"，后来便促使我于2008年在北京画院做了"'开篇大作'——人民英雄纪念碑落成五十周年纪念展"，展览梳理了纪念碑创作和建造的过程，甚至做了全国巡展，这对于我来说是一个重要的研究历练。现在想起来可能人生的所谓变化，都是你前面的付出所带来的。

问：我们再来谈谈您的策展经历，您策划了特别多展览，在我看来跨度非常大。您本身所在的北京画院是偏传统的，但您将齐白石带到了雅典，您也担任过威尼斯双年展中国馆的策展人，用一种表面非常国际化但实际却暗藏东方思维的方式策划了当代、前沿的展览，您的代表作"自"的三部曲："自·牡丹亭"、"自·沧浪亭"和"自·长物志"又是运用了中国园林、昆曲等元素去建立一些古典与当代的对话。我想您其实在致力于新时代的艺术跨文化传播之路，回顾您所学的美术史专业，在艺术史上也有很多跨文化传播的案例，请问在您看来现在与过去的艺术传播道路有何不同，又有何类似之处呢？

答：从传播的角度看没有什么大的不同。如果去翻一翻传播学就知道几个基本方式：第一个就是在一个相对的物理空间里，两个人交流，假设没有现在的网络，我们应该是在一个空间里进行交流；第二个就是开大会，如范迪安院长讲课，你们在下面听，这是一种一对多的方式。早先，人的交流被限制在一个单一物理空间里。因为不满足，后来才会有了电报、收音机、电视、网络。这些都是一对多的方式。当然，网络后来催生了一种非常好玩的方式，就是所谓的互动性，进而产生了所谓的虚拟世界的另一套玩法。今天，在现实世界和虚拟世界的交互里产生了这个世纪带给我们的新想象。但是整个传播的本质，我认为并没有超出此前的逻辑系统，它只是因为技术的支撑不同，造就了一对多或多对多的交互方式，变得更加便利而已。以前贴个海报、发个传单，现在我们在网上敲两个字、发张图就可以完成。

展览也是一种传播方式。比如我们策展，就要会运用这些手段。无论你是在现实物理空间还是虚拟空间，它的基础是艺术家、艺术作品以及观众。其实策展是艺术生态的服务行业，我一直视其为一个有智慧含量的服务行业，或者说有一定创造性的服务行业。对于我来说，我感兴趣的可能更多的是基于东方艺术思维的创作或展览，这也是我个人花最多时间去做的。包括你刚才所提到的威尼斯双年展，其实内核的思维也是一个更偏中国东方的思维方式，但是呈现的方式会运用所谓的新技术。我一直认为所谓的"高科技"在今天很快就变成"低科技"，所以我并不认为那些所谓的科技是艺术的很核心的部分。我想说的是我很希望达到一个目标，什么方式能帮我达到我要的那个目标，我可能就用什么方式去做，所以我的策展包括我的研究从来就没有陷入是做中国传统书画，还是做当代艺术的疑问之中。甚至文学、音乐、舞蹈、戏剧还是电影对我来说都不是什么问题。我跟北京画院（尤其是北京画院美术馆）的团队交流工作方法时曾经用过这样一个比喻，我把它叫作"土星工作模式"，这在北京画院新出的《北京画院美术馆展览工作手册》中有提到。这个名字的缘起是借由齐白石是摩羯座，摩羯座的象征星是土星，所以叫土星工作模式。这个工作模式是基于 2010 年我参与做齐白石国际论坛的时候，研究的一套传播齐白石的方法。我们开始做了一个饼图，后来觉得不够用了，就把它变成了一个球形图。土星旋转有一个轴线，一个指向古代，一个指向未来。土星有一个好看的星环，象征我们以研究齐白石或者美术史为核心的周边的部分，包括刚才我谈到的音乐、舞蹈等。最近我在参与广州三年展的策划，在那个展览里面，文学甚至具体到诗歌，会占到一个很大的比例。当我在脑海中回想 20 世纪 80 年代我在北京大学第二附中读书，每天中午到北大食堂去吃饭时，我会看到很多当年的诗人在三角地，还有最早的行为艺术，那时候的偶遇对我影响很大。我认为那时文学是先于视觉艺术进入一个普通人的脑海里的，当时的诗歌具有特别的价值，而在当年，这些诗人其实和艺术家是在一起的，并没有那么大的行业差异。所以在广东美术馆马上要做的这个展览里，回顾 40 年的中国当代艺术发展，我首先想到了诗歌，为此，我也去请教西川老师。我不觉得这和艺术是有割裂的，我也不觉得是他者，我认为诗歌和艺术应该是一起思考的。其实这种整体性的思考方式是我在中国园林或者中国传统文化里学到的。我每年都会到苏州待比较长的时间来做研究，我也希望苏州园林所呈现的这种综合性的能量能够在我的展览里体现。园林就是一个展场。所以我和有些策展人不太一样的地方就在于：我有时候策划一个展览，除了主题思考、理念整理、材料支撑、作品梳理之外，我会花比较多的时间来做空间，并不是说我做这个事情很在行，而是说我认为在展览中，人是要走到空间里的，空间能给人一个直接的感受。这个直接感受就是，作为策展人必须给观众一个很好的、更完整、更能引其入胜的方式，让他来接收到你想表达的展览理念。这方面苏州园林教给了我特别多的东西。

问：您认为学校最需要给予学生的是什么，社会最需要学生练就的是什么技能？

答：如同老校训里的第一个词，"真诚"，这是美院教我的。我不一定真做得到，但是我觉得我们应该努力去做到这一点。我在没去北京画院正式工作之前，有幸参与了北京画院美术馆（2005 年建成并对外开放）开幕的展览，并且做了一个现在叫"文创"的本子。在做那个本子的时候，我发现齐白石在北京画院收藏的 2000 多件作品和文献里面有一张特别小的画，只有 20 多厘米，是他决定留在北京开始"北漂"时画的。当时他初到北京，住在南城的法源寺，有一天他看到地上有石磨的印儿，很像小鸟，就在地上拿笔画了这个小鸟，并且在这只小鸟的身上写了六个字，叫"真有天然之趣"。这六个字我不知道说过多少遍了，因为这是我在北京画院得到的最开始的一份滋养，所以当时那个本子的名字就叫"真有天然之趣"。2019 年的时候，我带着我的团队，到法源寺去纪念齐白石"北漂"100 年，然后我们还在法源寺挂了一个牌子，叫"齐白石寓居处"。

不仅仅是艺术家，还有像我们这样做美术史研究或者做艺术管理的人，我觉得只要进入这个行业，很重要的一件事情就是保有一份真诚。真诚才会与天地和，才会有趣！这是学校给我最多的一份滋养，是教给我最重要的事情。哪怕这份真诚会让别人觉得你很冷漠、很难相处，但是，真诚可能是你在这个行业做事的前提。齐白石也在美院任教。很多人说他爱钱，而我在花了这么长时间研究齐白石之后，我想说的是他对钱都表现得很真诚，他画了这么大一张画儿，就要这么多钱。"卖画不论交情，君子有耻，请照润格出钱"，这份真诚，我想也是他成功的一个很重要的原因。今天我们好像因为自己是个文化人，就羞于表达心底的想法。比如说我画了一张画或做了工作，不好意思找人要钱等。我认为并不一定是正确的选择。所以我觉得真诚是很重要的。

社会最需要学生练就的，我认为是忍耐，耐力是最重要的。能上美院的人一定都有一份对艺术的执着和才华，但从学校毕业以后会有很大的落差。你突然发现你跟普通人没啥区别，甚至更差，同时，别人的评价也使你备受打击……这些事情都可能会遇到。这个时候特别重要的是，你怎么用你的那份真诚来换得你的坚守。其实我自己做各种行业选择的时候，也是绕来绕去花了十几年时间，之后又回来做这个行业了。我甚至为此抛弃了很多。我的经历跟很多人不一样。当时很多人都是先考公务员，当过官，有了资源后下海，而我是先下海，后被拉上岸的。当然，拉上岸的付出也是非常多的，会遇到困难、受委屈，那么到底什么才能让你坚持下来呢？你认为正确的事情，会给你多大的动力？一天完不成，那是不是一个星期能完成呢？一年完不成，十年完成。所有的事情都不是那么简单的。包括前面谈到我们把齐白石的作品带到雅典去展览，这个展览我谈了五年。比如说齐白石在欧洲最大的藏家——捷克的国家美术馆，那里收藏的齐白石作品有 100 幅左右。我从 2009 年第一次到捷克，就开始商讨、合作和交流，到如今还没有成功。当时，我们已经连意向协议都开始签了，但还是没有成功，也不知道什么时候会成功，但还是要努力！在十几年的工作中，我认为齐白石在中国当然是位了不起的艺术家，但是在国际上，他还不是一位伟大的艺术家。那我们应该如何做呢？我们这辈人能不能完成这个工作，让大家都觉得齐白石画得不错呢？其实都不一定。可能还需要一代人甚至更长的时间才能让全世界的人认识到中国的艺术有多了不起。进一步讲，宋画已经不用讨论了，大家都觉得不错，但是 20 世纪的中国艺术在人类的艺术发展史上是不是真的能达到一个很璀璨的状态呢？我们不知道，但至少我们发现了一些做得不错的人，那我们是不是能让人类对他们有一个至少是公平的认知呢？我也不知道什么时候才能完成，但需要的就是坚持、忍耐，白眼和漠视是不可避免的。回望一下，我开始工作的几年，也很寂寞，坐冷板凳，但现在想起来很感谢。

问： 如果您重新回到校园，最想做好或者最想弥补的是什么呢？

答： 美院的学生自主性很强，都不太会浪费自己的青春。该玩儿是要玩儿的，该读书、该创作也还是要做的，我觉得安排好自己的时间就好了。毕业以后，自己一直认为在美院没有好好读书，但是后来在工作中又发现在美院好像还是读了点书的。其实这也是有趣的，你觉得那时候你玩儿的时间挺多的，但是学校一定有你的榜样。比如当时跟尹吉男先生聊天，对我来说就是莫大的恐惧。他的阅读量太丰厚了，并且还不只是书里的内容，包括这本书有多少个版本，每个版本之间有什么区别等。因为你没读过，聊天就难以进行了。所以哪怕为了能和前辈们聊聊天，也要好好读读书。然而也不必太自惭形秽，我们都认为启功先生应该读了很多书，但是启功先生回忆里也说当年他跟前辈们一块吃饭，人家在饭桌上聊怎么联句、怎么作诗，他便觉得自己很差，所以总会怀着歉疚来面对自己的学问。多读读书，应该是好的，比如我只有学士学位，填表的时候总有些不好意思，这也是我的弱项。当然，这些也许不是衡量一个人很重要的点，但我在这个行业中，是有极大的硬伤的，包括英语不好等，我认为都是人生的遗憾。所以，你短板越少，可能在未来的创作与研究中，就越幸福。

问：美院即将迎来建校 105 周年，可否请您谈谈您对美院发展变化印象最深的是什么？

答：如今美院有了那么多个校区，还有全国各地的合作模式，所以美院现在真的是个大学校，也更综合了，而且应该是中国顶级的艺术类大学。在这样的基础上，当然希望学校所呈现的维度更开阔。比如刚才谈到，范院长很重视艺术和科学，那么我们这样一个专业院校如何能给大家更多的如同综合院校可提供的资源，我相信这一点学校是在做的。其实我在读书的时候也有很多不同学科的老师来做讲座，如果学校在这个方面提供的内容越丰厚，相信对未来艺术家的发展越有利。说实话，比如以前你手头有一支笔，拿着这支笔，用好了，不敢说走遍天下，但至少在行业中也会有一定的位置，但今天的艺术家如果只有手中的这支笔，恐怕很难在当下的艺术生态中有更重要的位置。所以，其实艺术已经不仅仅是那支笔的问题了，也不是说你在笔的后面有一定的精神输出就行了，可能更需要有一个综合的能量。比如我前段时间在中国园林博物馆策划了一个关于中国园林中窗户的展览——"窗，园林的眼睛"，当时我们发现了古人在制窗工艺中暗藏了有关"幂"的理念。中国古人的六幂法对于研究风景园林的学者来说可能是个基础知识，但对于我们来说，却是惊艳不已，我还专门做了一个小动画来呈现六幂法带给我们的启发。此类种种，都是知识维度的丰富，这对学习和研究来说，既幸福又重要。

问：学校近年来成立了校友联络组织、基金会、理事会，积极筹措社会捐赠资金，完善现代大学治理体系建设，老师您能否从工作经验出发，对专项资金的设立与实施提一些建议？

答：我很荣幸能成为中央美术学院的第一届理事。一个学校的发展是需要多种支撑的，那么怎么样能得到更多的支持，然后善用这些支持，我觉得这是需要一套管理方式，甚至是有创意的能量来把它完成好的。未来学校有什么需要我做的，我一定全力以赴。理事会成员中有很多都是管理上的高手，做企业、文化产业的专家，我相信他们都会有很多办法。那么我作为学校的晚辈，一名校友，应该是尽力从我的角度做能做的事情。

问：作为学校第一届理事，您会关注学校哪些方面的发展呢？

答：我最关注的就是学校有哪些让我意想不到的开拓性工作。比如刚才谈到艺术与科学的项目，就有很多种形式的产生；"千里之行"这一项目对学生未来发展的好处；前些日子让我来参与关于虚拟空间策展的评审，或者说活动推进和宣传工作，我都非常关心。甚至咱们学校每年毕业季的学位服设计得好不好看，毕业季怎么样，我也很关注。这几年因为疫情，只能在线上毕业了，但之前几届线下的毕业季，包括在校园里给大家摆满了西瓜，我都觉得非常好。除美院之外，我很难想象有哪个学校的校长会同意这么做的，这个是美院学生的福分。

问：您有没有最想与我们分享的经历或故事？

答：王府井帅府园那个不大的校园对很多人来说特别重要，但现在，当时的物理空间已经不存在了，只剩下一个陈列馆，还是老前辈们费了很多心血才保存下来的。建筑门头上的浮雕非常重要，如果我没记错的话，那是 1949 年以来，最早在公共空间完整呈现的浮雕作品，那个作品非常有意味。我觉得我们学校应该保存一套。我甚至觉得，我们能不能在 105 周年校庆的时候做一个虚拟场景，来还原当年的校园。因为我近期在帮黄永玉先生策划展览（也就是正在苏州博物馆展出的"入木——黄永玉版画艺术展"），去他那儿的时候，老先生竟然一丝不差地给我画了中央美术学院当年那个让我们印象深刻的小花园的平面图。所以，在 105 周年校庆的时候，我们是不是可以用虚拟的方式呈现出以前的校园呢？因为我相信你们都没见过，也不知道那个学校对我们这些老校友来说到底有什么样的魅力。我还记得多年前靳尚谊院长说，我们要搬家了，搬家的时候我们要把紫藤搬到新的校园，然后大家就一起鼓掌，现在想起来还有点泪目。美院人是情感丰富的，他们不是一群复杂的人，但他们知道，自己重视的事情可能跟别的地方的人不一样。所以，如果可能的话，是不是可以做一个虚拟校园出来。这对于美院来说一点都不难，但是它对很多曾经在此学习过、工作过的人一定有着深刻的意义。另外，当年央美每年都有新年联欢晚会。这个联欢晚会精彩到什么程度呢？当时其他的几大艺术院校的人都跑来看。甚至有一年版画系有一出小戏剧，现在可能叫小品，那简直是精彩得无与伦比。甚至在电台里，当时的嘉宾都会讨论到中央美术学院的新年联欢晚会，也会说版画系的那个小品。当时的影像现在兴许还能找到。大概讲的是刘小东买了一辆绿色的吉普车，后来被偷了，如何抓小偷的故事。而且那是一出非常先锋的戏剧，边演边结合此前拍的录像，在大屏幕播放，演得也非常精彩。当时那个戏非常有名！包括每年的化装舞会，都是极度精彩的。这些都是美院的历史，后来提起的人就少了。我认为美院有主线条中的那些光辉的历史，也有许多留在脑海中带着光彩的瞬间，都值得纪念。

访谈案例十

访谈对象：段少峰（校友）

问：您作为央美校友会的成员，能和我们分享一下您当初为什么会选择进入央美学习史论专业，有什么机缘或情结吗？

答：不得不说我考入美院的经历确实充满了偶然性和不确定性。2007年我选择复读的时候决定报考的是北京电影学院的导演系，那时的理想是成为一名像贾樟柯一样的作者导演。2008年专业课考试期间认识了很多参加艺考的学生，北京电影学院的美术学院每年也有很多美术类的学生报考，因此我认识了一些美术考生。我当时的文化课成绩在艺考生中算是不错的，他们建议我可以试试中央美术学院的史论专业。我那时确实也知道美院大名，总觉得美院离我太远了，我也不敢想半路出家能考得上。后来2008年我考导演系落榜之后就认真考虑这个问题了，也是从那时通过各种材料我对美院有了更深入的了解。

在2009年我报考了四个学校：北京电影学院、中央戏剧学院、中国传媒大学、中央美术学院。考美院的时候恰逢当时社会上流行所谓的1980年代热，我在考试的艺术评论中选择了罗中立先生的《父亲》作为分析对象。这篇文章的标题我还借用了刘小枫的《沉重的肉身》这本书的书名，这也是我第一篇所谓的艺术写作，最后取得合格证的是美院史论专业和中国传媒大学电影电视系。那时我对于艺术史论的认识还是很模糊的，我确实不知道我选择这个专业会面对什么样的未来。当时的人文学院本科分成三个专业系：美术史系、文化遗产学系、艺术管理系。通过当时的材料我记得皮力老师还做过王小帅《青红》的制片，我从中好像找到了与电影的一丝关系。相对于美院，我当时更熟悉中国传媒大学，虽然当时电视行业已经显示出一些疲态。综合考虑几个因素，首先，我确实算是大龄考生了，那时美术学院可能大龄青年更多一些；其次，美院史论专业学费比中国传媒大学低，这对我出生的农村家庭很重要；再次，美院的包容和理想主义色彩很吸引我，这与我当时读到的一些关于美院的文章有关。基于这些考虑我选择报考了美院的美术史论专业。这个专业包含的内容在我看来特别像是北京电影学院电影学系和管理系专业的角色，我觉得这两者模式上很靠近，这也让我有信心选择考美院。

2009 年我的高考成绩下来后，我又经历了一些坎坷，当年美院史论专业的录取分数线是 526 分（北京、山东除外），而我恰好就考了 526 分。我一度觉得自己没机会了，最后通知书还是到了，这给我一种很奇妙的宿命感。我觉得我和美院的缘分是很深的，确切来讲美院在我人生中是一个收容我梦想和不安的大学，尤其当我还是一个迷茫的青年时。我对美院是感恩的，它对我有知遇之恩，它给予我的绝对不仅仅是知识和视野，而是一种从一开始就铺垫好的塑造和关怀。我可能和大多数通过美术考前班考入美院的学生不太一样，我对于美院的光环的理解是另外一个角度的，不能简单地归类为一种专属于艺术的光环，对我来讲美院最珍贵的是整个学院的气质和一种富有人情味的传统，这种气质和传统在我看来是超越知识和艺术本身的。

问：您在校期间有没有一些不同于其他同学的独特的求学经历？是否有参加学生社团活动？我们看到您在本科学习期间就参加过很多策划展览的活动。

答：我在美院本科阶段的学习和其他学生相比没什么特别之处，人文学院的前两年都是基础课，到大三的时候再分专业。前两年的基础课是美术史、艺术理论、文化史、文献学等课程，这些课程都是关于学术的基本训练和知识基础，在此基础上再分专业学习。我一开始其实不理解为什么这么晚分专业，后来才觉得这种抓基础的教学方式在本科阶段是非常有必要的。本科教育其实是高等教育中的基础教育，通过通识性教育让学生建立起一个基本的学术系统根基，然后在硕博期间才能更进一步深入，为后面成为研究型人才做准备。

在本科期间除了自己的专业课之外，我还通过美院社团联合会下属的空白诗社开辟了自己的"第二课堂"，之所以这么说是因为通过组织活动和展览使我学到了很多。美院一直有很好的诗歌的传统，我们的前辈巫鸿先生、张郎郎等人当年就在读书期间组织过诗社，空白诗社虽然是很晚才建立的，但是延续了诗歌这一传统。诗社当时的指导老师是西川老师，在我之前诗社社长是艺术家厉槟源。在我成为诗社社长之后组织了很多活动，当然我也有惭愧之处，比如活动中关于诗歌的成分减少了不少。空白诗社在我做社长之前曾经举办过"融：空白诗社第一回展"。2011 年我就想延续这个展览，于是策划了"后青春期的诗：中央美术学院 80 后艺术家群展"。此外还通过空白诗社建立起"新青年艺术沙龙"这个学术论坛品牌，本科期间艺术沙龙大概举办过 40 多场的讲座，这个数量现在看来还是很惊人的。这些都离不开社团同学，还有学生工作部老师的支持。在大家的努力下，我们还做了"发现：新青年影像展"以及"在路上：青春造物者的世界"这两个展览，在影像展中美院美术馆还拿出项目空间让我们策划了实验影像展，这些都是本科学习期间特别难忘的经历。现在回看这些事情，没想到时间过得这么快，本科时候的事情现在想起来就像是前些日子发生的。无论是我的学习还是社团的活动都和美院这个大平台紧密相关，具体来讲离不开中间认识的老师和一起做事情的同学，现在我总会想起他们，那时虽然也很迷茫和彷徨，但是很快乐。

问：您在美院的学习和生活确实非常丰富多彩，那在求学期间您是否接受过来自学校或者社会的奖励、资助？

答：正如前面所说，本科期间我在学习之外做了很多其他的实践活动，因此得到的学校奖励也是社会实践奖。我的专业成绩其实一直很平庸，我想这其中是因为我对于实践更感兴趣吧，所以没有获得过奖学金。在做展览和论坛的过程中得到了美院很多老师和校友的支持，比如星空间的老板房方师兄，正是他支持我们做了影展，还赞助了出版物的印刷。又比如"在路上：青春造物者的世界"是在艺术管理系校友许俊杰的项目中得以实施的，这样的例子太多了。我觉得美院的校友在艺术行业的生根发芽为我的社会性实践提供了很多帮助，这种帮助有时候未必是物质性的。比如我刚毕业时认识了王友身老师，他对我的很多建议让我在后来的工作中都是受益匪浅的。无论是学院还是社会的帮助都离不开"中央美术学院"这六个字背后强大的校友群体和师生群体，这些帮助确实是多方位的，不限于物质金钱，有时候一句话、一个建议都是很重要的，尤其对于一个初出茅庐的本科生来讲。

问：您最感念的老师是谁？有哪些令您印象深刻的师生故事吗？

答：这个问题其实挺难回答的，我在脑海中蒙太奇一样回顾我大学时期的老师，其实很难说谁最值得感念。美院老师都很有个性和风骨，从传说中的老先生到自己的授业恩师，再到体育课的老师都各有特点。我记得体育老师曾经给我讲过不少老美院的故事，还有管户籍的韦老师也给我讲过不少故事，这些都是很难忘的，甚至于宿管阿姨，这个群体也是另外一种意义上的老师。你问我最感念的老师是哪位，就好比你去问老师最难忘的学生是谁一样难以回答。美院可能和别的学校不一样，师生情谊中知识、技术之外很重要的组成部分是有情有义，所以很难分出个高低，艺术很难排名，情义也很难排名。只能说有不少难忘的故事。

2011 年我在筹备"发现：新青年影像展"期间因为确实忙，因此没有时间完成曹庆晖老师的作业，作业是选择 20 世纪一个重要的艺术家作为个案研究对象写论文。当时我选择了吴冠中先生，但是到最后交作业实在写不完了，于是我就犯了错误，为了交作业从网上找了三篇相关的论文调整了一下交上去了，这一点当然是不提倡的。后来到了报告环节，曹老师让我上讲台讲我的论文，我一再推托，到后来实在推不过去我就找曹老师承认错误了，向他坦白了我这篇文章的问题，虽然是个作业，但是我做得确实不对，我本以为就应付过去了，没想到曹老师很负责。曹老师知道我的情况后，也没有直接批评我，而是问我这段时间做了什么，我说我在做展览，同时也写了其他的文章。曹老师就让我整理好这段时间的工作和写的文章，他要看看，考量下。于是我整理了一本小小的书打印出来交给了曹老师。几天后，曹老师找我谈话，说我只要做自己的事情能做出成果也是没问题的，只要不是荒废时间就好，于是我顺利地用我其他的成果通过了那个学期的作业考核。这个事情我想我会记住一辈子的。我觉得美院非常可贵的一点是对于学生的宽容和爱护，老师很尊重学生的个性和发展诉求，这件事情对我的教育意义其实是超越知识的。事实上，这种处理不仅使我意识到了自己的问题和错误，同时又激励了我的信心和信念。曹老师没有否定我的努力，这让我很感动。毕业后我总会在花家地碰到曹老师。2016年，我和我的团队拍了曹老师的短纪录片《老曹》，这也使我近距离地了解了老师的一天。我后来每次看这个短纪录片都会感动。现在十年过去了，老师们逐渐长出了白发，而我也真正长大了，甚至也长出了白发，关于以前的记忆反而更清晰了。

问：您和同窗的哪些经历、母校的哪些场景（地方）给您留下了深刻的印象和回忆，有哪些有趣的故事吗？

答：我们当时的宿舍在 13 号楼 604，这一层应该是最有趣的一个楼层，因为会聚了各个专业的学生，花家地本部的专业学科好像都能在这一楼层找到，正是因为如此，6 楼很热闹。我们宿舍除了人文学院的学生还有设计专业的，舍友中有一位叫贾光佐的同学，没想到后来老贾成为我们共同的记忆中不可忽视的一部分。老贾做事非常有个性，我记得他在冬天曾经穿着一身花棉袄花棉裤，脚踩白色大筒靴，头戴雷锋帽，外出打雨伞，这一形象在美术学院的冬天绝对是风景线。还有油画系的"民国哥"赵地灵，雕塑系有一个穿着很像是大僧人的，这些都是非常特殊的视觉记忆。老贾本科期间做了很多让我们难忘的事情，而且他又很擅长学习。大二时他休学去迷笛音乐节学习摇滚乐，回来继续上学，后来考研考到了北大哲学系，现在老贾在日本西北大学读博。这个人很有意思，我觉得他是美术学院的一类人，我们大学期间打打闹闹了四年。除此之外，我还记得我在5号楼的旋转楼梯的非常不起眼的墙后面写了一首情诗，写得非常私密。我那时候想多年后我可以回来找这首诗，过些年我还真的去找了，发现旋转楼梯附近也大变样了。我在想装修工人刷墙时发现在这么犄角旮旯的地方有首情诗会是什么感觉，他一定会觉得这个很像美院的风格。我们那时候还调侃，美院之所以是美院是因为这是一个有美女的院子。本科期间我们几个单身汉经常在学校草坪前看美女，经过系统分析发现最适合看美女的地方其实是留学生公寓门前的台阶上，可以看从一食堂、二食堂、9号楼和13号楼经过的美女。诸如这样本科时代的趣事实在太多了，还比如人文学院是没有下乡写生的，所以每次四、五月下乡写生期间人文学院的学生就像是留守儿童一样，那时候我们守着偌大的校园，校园中人很少，我们一个学院的同学非常惬意，写生期间也是恋爱的爆发期。

问：您觉得在美院获得的哪些技能和经验对自己的人生和事业发展是非常重要的？母校是否对您的职业规划和发展过程产生了影响？

答：美院的教学其实更像是一种熏陶，是一种独特的氛围产生的结果，和老师与同学共同建设的人文艺术的环境有关系，这是一个生态系统，其中缺少任何一个元素都不一定可行。本科期间的塑造不仅仅是教学本身，而且还有其他的事情，老师和学生，学生和学生都是一种彼此塑造的关系，当然这里面有技能和经验的因素。但在我看来在美院学习其实更重要的是一种体验，无论是视觉的美学训练，还是人与人之间的情义，还有美院的种满花花草草的环境，这些都是实际的体验，这种体验构成了不可磨灭的记忆。很简单来讲，比如美院的草坪就是一个很好的例子，不是说这个草坪本身多么大多么美，而是因为这个地方让我们有了一些可以躺下来仰望天空和发呆的时光，这些时光在记忆中也是清晰可见的，我觉得这就是体验。还有油画系和版画系的味道是不一样的，走进某一楼层因为材料的特殊性，每个专业的味道也是不同的。其实我觉得每个美院的本科生可以去尝试体验这种不同的气味，它很有趣很直接地体现出中国生态中的不同，就像是一个大花园一样。在职业规划层面，我在本科阶段曾经在《就业指导报》做过一些工作，也参与了第一届和第二届的"足迹·青春"展览的组织工作，还有美院美术馆和艺术资讯网的志愿者工作，这些工作在我毕业前基本上练习了一遍未来可能面对的职业问题，这显然会影响我的职业规划。我之所以这么多年一直还在艺术行业工作深耕，与学院的影响紧密相关。美术学院提供了很多其他的地方无法给予的机会和平台，同时从各方面拓宽了我的视野，这些使得我在后来的工作中着实受益匪浅。

问：看来母校确实一直对您的事业发展产生着潜移默化的影响，能否请您更具体地和我们分享一下您的工作历程？其中是否经历过重要的节点或者转折点？

答：2013 年，我本科毕业时有几个选择，同时我也选择了考研。之所以考研是因为贾樟柯在美院开始招研究生，我似乎看到了自己和电影梦再续前缘的可能性。考研没考上之后，我选择了工作，在校友师兄朱小钧的邀请下我去了《投资与理财》杂志社工作，这是一家金融杂志社。这一经历也很有意思，使得我从艺术的虚中一下子接触到了金钱的实，这段工作经历持续了两年的时间。2016 年我选择了自己创业，成立了一个专注于纪录片和人文艺术栏目的文化公司，在此期间拍摄了二三十部短纪录片和三部长纪录片，事实上其中长纪录片只剪辑出一部，后来公司因为运营不善还是失败了。2017 年之后我又继续回到了策展领域，一直到现在我还是主要在艺术策展、艺术写作、出版等领域工作。我也逐渐在此过程中确认了自己的角色和能量到底适合做什么。从 2017 年以后我成为一个专注于策展和写作以及做当代艺术研究的艺术工作者。这个过程是艰难而且痛苦的，我觉得无论做什么职业，做什么样的选择，信念、信心、执着、不懈都是不可或缺的，每个人都是一步步克服自己的缺点，一点点进步成长起来的，这是我最大的感触。

问：您在从事策展工作的过程中，是否想过需要母校的帮助？您的工作与学校有哪些结合点？

答：事实上我的策展工作一直和美院有关系，我毕业后在花家地住了三年，因此和美院有藕断丝连的关系。艺术行业曾经有朋友问我为什么总是做和美院师生有关系的展览，我仔细一想好像确实如此。我也曾一度困扰，近年来我想清楚的是，我本身就是从美院的生态中生长起来的，怎么可能和美院没有关系？我的策展中很多美院老师参加了展览，同时我也一直致力于关注同一代美院人的成长和发展。2017 年开始，我陆续策划过徐冰老师、苏新平老师、陈琦老师、刘庆和老师的教学展，这是直接和美院有关系的。同时 2016 年我和美院老师卢征远策划了花家地双年展，显然也和美院附近的生态有关系。2021 年，我策划了 00 后艺术家项目，有很多 00 后的艺术家也是美院在读的本科生。2021 年，我参与策划了中央美术学院美术馆廊坊馆的"演化——公共的未来"展览，这个展览的总策划是张子康老师，而同年在亚洲艺术中心策划的"第四代：图像与媒介"也是中央美术学院教育发展基金支持的展览，这些都是和美院有直接关系的。总体来讲，美院一直在培养出一代代的艺术家，我的工作便一定会与美院产生关系。

问：您觉得对于自己未来的工作和发展，母校还能在哪些方面给予支持？

答：我想，未来随着我们这一代美院培养出来的艺术家的成熟，我会和美院有越来越多的交集。我在想，我们这些从美院走出来的校友其实也是一个生态，当我们想母校能为我们做什么支持的时候也应该想我们能为母校做什么，我们在为母校做事情的同时也是得到母校支持的过程。在"第四代：图像与媒介"展览后我曾经写了《共建与开放》一文，或许共建是一种方案，事实上"共建"也是朱青生老师有一次送我一本书时题写的祝语，他写下了"共建美院"，朱老师也是中央美术学院的校友，我更觉得共建是一种互相支持。

问：结合您个人的学习和工作经历来说，您觉得美院学生最需要学校给予他们什么？毕业后社会最需要学生练就哪些技能？

答：首先，艺术包含创作与研究，即体验和经验扮演了很重要的角色，体验是创造者很重要的过程，经验则是体验的总结。因此学院可以为学生提供更多实践的机会，比如展览和创作，这些近年来美院做得很好了。其次在经验层面则是视野的拓宽，比如讲座等活动，这些是第一课堂和第二课堂的融合，这些美院做得也很好。其实很难给出具体的建议，我相信教学部门和学生工作部门更实际地知道要怎么做。当然除此之外，从我个人工作经历看，应该培养学生的表达和运营能力，美院的学生经过体验和经验的训练，形成的是一个艺术创作者和研究者的角色，他们需要知道如何在竞争激烈的社会中表达和沟通，如何运营管理自己的项目、创作等。

问：您最想对现在的美院学子说些什么？如果现在重新回到校园学习，您有最想做好的或者是重新弥补的事吗？

答：我其实很害怕和比自己小的学生说教条的话，因为我上学时就知道那时的年轻人其实不喜欢听前辈说这些。如果一定要说的话，我想说，我很忌妒你们的年轻。你们自由地在学院的时光里翱翔，你们恋爱，你们充满激情，你们有看上去用不完的时间，以至于你们甚至可以荒废一些时间，这些都让我羡慕不已。虽然每一代年轻人都有属于自己的困扰和彷徨，但是你们也要知道你们是具有可能性的，美院绝对是一个让你在未来怀念的地方，所以珍惜每一个和它共处的时刻。如果我现在重新回到学校，其实正如你所说，有一些想要弥补的事情。我的本科读书阶段其实特别沮丧和伤感，虽然好像做了很多事情，但是掩饰不住这种失落感。我一直觉得我的大学时代是不完美的，充斥着焦灼和不安，如果重新回学校读书一方面是想借此想明白一个事情，这个事情与艺术有关，确切来讲是一个课题，另一方面是追寻美院一场未完成的梦，但已经物是人非，无法继续这场梦了。

问：如果有机会，您是否愿意与学弟、学妹建立联系，对他们的学习和生活进行指导帮助？

答：我一直在尝试和美院更年轻的力量建立联系，比如策展中发现更年轻的艺术创作者。正如前面所说，00后艺术家项目就是一个典型的例子，我非常开心发现年轻一代艺术家，同时能邀请他们参与我的策展项目，我这些年跟美院上下十届左右的朋友都有联系。

问：母校即将迎来建校105周年，回望过去，母校最令您自豪的是什么？

答：没想到这么快就105周年了，美院百年校庆的场景还历历在目，宛如昨日。当年入学时潘公凯院长给我们讲了中央美术学院的历史，让我们非常激动，同时入学时集体看的《为中国造型》这部片子也是我第一次看到美院的骄傲之处。美院百余年的历史是一位位老师、艺术家、校友构建起来的繁星璀璨的天空。美院最让我自豪的就是它的包容与自由，在某种程度上身在其中没有失败者和成功者的区别，艺术没有失败。虽然很多校友不一定投身于艺术行业，他们依然在其他的领域找到了自己的归宿，美院的教育和影响正是其包容和自由的延续，包容和自由之外恰恰形成的是多样性，每个人形成了自己的信念、主张、人格。美院的建筑虽然灰蒙蒙的，但这种看似一成不变的外表下恰恰蕴藏着多样性，让人着迷而自豪。

问：您参加工作以后，对母校的发展变化是否了解，印象最深的是什么？

答：因为身处艺术行业，一直关注着美院的发展。印象最深的有两个事情，一个是美院真正意义上开始了校友会的工作。以往我们有校友概念却没有校友会的概念，校友会的工作进一步加深了校友之间的关系。在几个校友会的微信群中，每当我有什么问题都能又快又精准地找到相关的校友。另一个是毕业季，在我们大学毕业的时候没有毕业季的概念，毕业时没有节日的感觉，更多的是一种惶恐和不安。毕业季从2015年产生以来像是变成了专属于花家地的节日，从吃瓜，到后海大鲨鱼的现场，还有西川老师的击鼓读诗，这些都是属于一代人的集体记忆。2020年疫情期间没有了线下毕业展，没想到美院能在那么短的时间内做出漂亮的线上展览，这些让人印象深刻。

问：作为校友，您对母校未来的期待是什么？对母校在学科、人才、师资等各方面发展有没有什么建议？

答：期待母校在未来能够继续包容和自由，为建立属于中国的艺术生态做出更多成果，一方面是本土化的中国艺术发展，另一方面是全球语境中对于东方艺术的推动。此外在建议层面，可以在艺术学科之外建立相关的人文通识学科，比如文学课和写作课，这些对于艺术创作者和工作者的未来职业规划一定大有帮助，同时可以尝试传媒新闻和艺术史论的跨学科合作可能，在信息时代，艺术传媒势必成为一个课题。在人才引进层面，在政策允许下，可以面向社会吸纳有社会影响力的青年艺术家成为教学力量，美院的老师一方面需要是教育家同时也需要是具有社会影响力的艺术家，由此形成师资的教学力、多样性、影响力、学术能力等多方考量。

问：对于学校近年来成立校友联络组织、基金会、理事会，积极筹措社会捐赠资金，您怎么看？对于现在校友会的工作您有什么建议吗？

答：校友会除了事务性工作之外，其实还可以为书写美院发展史做出贡献，校友会不仅仅是赞助和支持、基金等实质性工作，其实也是一种校园文化建设。校友们通过美院这一平台形成凝聚力要依靠价值观和文化书写，校友会在挖掘美院的民间记忆中做了不少工作，这些记忆文本其实显示出一个不一样的另一个剖面的真实的美院。

问：您策划了多届花家地双年展，还出版了《我们的花家地》，想必有很多美院的人和事的独特记忆。这其中有没有最想跟我们分享的经历或者故事？

答：美院有三个历史时期，从王府井到万红西街，再到现在的花家地，这三个地方的变迁其实就是中华人民共和国成立后社会史的变迁。美院见证了这个城市发展的过程，也形成了每个时代美院人不一样的时代记忆。花家地这个地名本身就是浪漫的，花家地据说又名画家地，这个区域随着美院的迁入，生态上发生了很多变化。比如最早这里伴随美院迁入的考前班随处可见，可以说很多人的青春记忆都与花家地有关。同时美院的学生和花家地的感情自然不用多说，我们毕业时很多人都会在花家地美院附近居住一两年然后才陆续散开。从美院毕业是一件痛苦的事情，往往毕业的过程实际上需要两三年，我在花家地住了三年像是读了一个研究生才搬离花家地。偌大的北京只有花家地才能像家一样让我们漂泊在外的心有一丝归属感。我正是在毕业后的三年内写了两本和花家地有关系的书，《我们的花家地》和《我的夜奔》，这两本书很稚嫩地记录了一段花家地的时光，和美院存在着千丝万缕的关系，这个过程就像是一场梦。2013 年的春天，花家地杨花柳絮到处飞扬，在美院北门对面我见到了西川老师，他见我穿着一个写着海子《面朝大海，春暖花开》诗歌的文化衫，于是让我和他在咖啡厅坐下来聊天。过了一会儿诗人欧阳江河老师来了，花家地是一个可以真正遇见诗歌和艺术的地方。那一刻我感受到花家地的妙处，我还在花家地咖啡厅中经常遇见徐冰老师，有时候我们也会约在花家地某个咖啡厅见面，这些无疑诗意化了花家地。

第六章　对艺术类高校做好对外筹资工作的政策建议

对高校筹资工作而言，学校学科发展、老师以及校友等各方面都会对筹资工作提供支撑。但是面对日益激烈的外部慈善资源竞争环境，日益迫切的高校"双一流"建设目标，艺术类高校基金会更应发挥重要作用，要动员学校各方面资源，加快建立适合艺术类高校基金会的科学完善的管理体系，协同合作筹资工作平台，提高高校基金会的规范化和专业化水平，为高校筹资工作创造广阔空间。

一、完善基金会治理体系，增强理事会筹资功能

纵观国内外高校基金会，凡是筹款工作处于前列的高校，其校领导和基金会理事会都在筹款中发挥了极为重要的作用。艺术类高校要自上而下重视基金会筹资工作，要从实现高校发展目标使命、推进"双一流"建设、拓宽学校建设发展资源、提升学校竞争力和影响力等多个方面，认识基金会筹资的价值和意义；要从学校层面把基金会筹资工作放在高校建设发展的全局中进行规划，纳入高校长远发展战略中谋划，制定基金会筹资工作的发展规划，完善中长期筹资项目设计、推进基金会专业化建设，为基金

会筹资工作提供机制、人力等支持。基金会理事会要把筹资工作作为理事会的核心工作，定期研究和完善基金会筹资策略、指导推进具体筹资事务。高校主要领导和学校主要部门负责人员作为基金会理事会成员，是高校发展战略的提出者和实施者，更加清楚学校的使命任务，更加熟悉学校建设发展的需求，也更加了解学校资源条件，具有直接筹资的明显优势。为此，学校和基金会要主动服务理事会成员，为其参与和开展筹资工作提供便利条件，让理事会成员走出去，对外宣传学校发展战略，向潜在捐赠人介绍筹资项目，不断寻求和创造对外合作新机会，力争达成新的捐赠。

二、健全协同合作平台，扩展基金会对外筹资渠道

对外筹资表面是获得捐赠善款，但本质上是与捐助人建立信任合作关系的过程。艺术类高校基金会要始终把建立和巩固与捐赠人的合作关系摆在首要位置，充分尊重潜在捐赠者的合作需求，更加重视捐赠人全过程参与捐赠项目管理和项目实施效果的评估。要建立多部门、多层次的对外合作平台，在校级层面，重点发挥专门对外合作职能部门的作用，比如发挥校办、学校理事会、对外合作办公室、基金会、校友办等多部门的作用，明确不同部门对外合作的重点。其中，校办重点发展学校对外联络，维护学校的公共关系。理事会从完善学校治理结构的角度，吸纳艺术领域的权威人士参与学校治理，为学校发展献计献策。基金会重点接受捐赠、管理捐赠项目和维护日常捐赠关系。校友会重点做好校友联络，为校友参与学校建设和艺术领域发展提供服务。在院系层面，每个院系都是独立的筹资单位，具有挖掘本领域捐赠资源的优势，基金会要为院系筹资提供业务咨询、政策激励、资金管理等支持。艺术类高校筹资要拓宽募捐渠道，走出小圈子，放眼全球，积极吸引海外校友或国际团体资

源的支持，促进基金会与国际接轨，开通多币种、多样式的捐赠途径。要创新募捐方式，利用新媒体、新支付形态的优势，用好微信公众号、门户网站、手机 APP 等多媒体数字捐赠平台，建立"微捐赠""一键捐赠"的募资形式，使得捐赠成为人人可参与、时时可实现的可持续发展的慈善公益活动。

三、打造专业化团队，激发对外筹资动力

职业化和专业化是现代高校筹资工作的基本要求，艺术类高校基金会的筹资工作也越来越要求相关从业人员具备教育背景和专业能力。艺术类高校提升筹资能力，必须首先培育建设一支专业筹资队伍。打造专业团队，可以先从人员招募做起，在招募新入职员工时，专门定向招募公共关系维护、市场劝募、基金管理等方面人才，探索建立多专业协作的募款和资金投资团队。由于相关专业人员也是企业、私募基金等需要的人才，从筹资工作长远发展考虑，必须探索改革高校基金会的人员薪资管理制度，建立完善具有竞争力的筹资人员薪资体系，吸引更多优秀人才加入。艺术类高校要研究和提高劝募工作的专业性，特别是针对不同捐赠项目需求和对象，开展不同的筹资策略，既要尝试运用电话、邮件以及面谈等个体化的劝募方式，也要尝试运用举办艺术慈善晚宴、艺术拍卖、艺术展览、校友团聚等集体性劝募活动，动员更多捐赠。要加强和完善对捐赠人和捐赠项目的专业化管理，建立健全捐赠人数据库和潜在捐赠人数据库，善于从知名校友、各类慈善捐赠排行榜、著名企业家名录等中研究挖掘潜在捐赠可能，通过定制化的捐赠项目设计和联络，将潜在捐赠者发展成为捐赠者。并有针对性地开展捐赠者管理，增加联系频次，更好地满足捐赠者的个性化需求，动态反馈项目进展成效，力争将单次捐赠者培养转化成长期捐赠者或大额捐赠者。

四、发挥艺术学科优势，厚植对外筹资基础

高校的专业优势是高校基金会对外筹资最基础的依托。艺术类院校要充分利用特色化发展优势和条件，通过自身情况、社会需求以及政策环境的分析，找出并发挥艺术独特优势，有的放矢地开展筹资工作，这样才能突破筹资困难的瓶颈。艺术类院校应加强与艺术行业内的企业、中介机构、知名艺术家的联系和合作，充分发挥艺术专业资源优势给相关行业提供技术咨询，促进艺术行业的发展。要主动服务企业、捐赠者，通过为企业、捐赠者提供专业服务，如帮助企业解决产品设计难题、协调知名教授到企业开展艺术类培训、帮助企业提高品牌知名度、为艺术企业输送优秀毕业生等，使他们切实体会到捐赠不仅仅是单方面的资金付出，也能为企业发展带来积极影响和利益，从而促使企业与高校形成长期稳定的捐赠互动关系，推动高校基金会筹资工作的可持续发展。

五、提升校友凝聚力，构建捐赠循环体系

校友群体是代表高校社会影响力和知名度的最好名片，校友群体对母校的回报和捐赠是高校筹资的重要渠道和来源。一些知名、杰出校友的捐赠初心就源于其对母校的认同和回报母校的情感驱动。艺术类高校要注重学生在校期间的公益理念培育、校园公益氛围熏陶以及各方面情感维护，为日后校友捐赠厚筑根基。对于校友捐赠者，艺术类高校基金会应着重加强与他们的价值认同感和情感认同感的互动，不仅仅要面向高校、社会大力宣传捐赠事迹，营造捐赠者积极正面的社会形象，还应根据情况适度让捐赠者参与到母校日常发展建设中。通过校友会等联络渠道积极解决校友

个人和企业遇到的实际问题，利用学校的教育资源，积极地为校友的继续学习提供便利条件，注重整个校友群体的沟通联络、资源互享、能力提升，努力提高校友资源的价值和水平。

后 记

总结梳理基金会十年发展历程，研究中央美术学院对外筹资工作，一直是我们的夙愿。在北京登博科技有限公司的捐赠支持下，这一夙愿终于得以实现。筹资工作和校友工作都是汇聚众智、凝聚众力的重要工作，也是展现学校综合实力、让外界认识和了解学校的一个重要窗口。为此，我们在理论和实践层面对高校的筹资工作进行了梳理，并组织了对学院校友、捐赠者、理事、专业教师和行政管理人员的访谈，他们真挚的情感和语言饱含对母校的感念和期待、对学生成才的祝福和期盼，也为学校做好筹资工作提供了重要启示！我们郑重感谢每一位受访者，遗憾的是由于篇幅受限，未能将所有受访对象的内容一一呈现。我们感谢为此书的出版做出大量工作的中央美术学院校友工作办公室王妙紫老师，感谢学生访谈团成员——志愿者马楚航、马淑婷、王欣阳、王雪茗、王楠、卢映荷、田朵朵、杨纪萌、沈冀星、武中卿、林欣霞、胡正源、钟瑜、彭芸、曾婧婕（排名不分先后顺序），利用暑假时间联络开展访谈工作。相信与学长的对话经历，将会成为他们成长路上的一段宝贵而温暖的经历！

也借此书感谢为中央美术学院建设发展建言献策、联络资源、捐赠资金的各位社会贤达，你们在学校育人理念和教学改革实践中所给予的积极助力，为学校建设发展所做出的积极贡献，我们将永远铭记。受能力和时间所限，本书存在不尽完善之处，欢迎大家批评指正。